STEFAN VON KEMPIS

PAPST FRANZISKUS

Wer er ist, wie er denkt, was ihn erwartet

FREIBURG · BASEL · WIEN

Weltbild

Für Marta, Stefan und Maximilian
und für meine Patenkinder
Jakob, Adrian und Ferdinand

BILDNACHWEIS

Umschlag:
© dpa / picture alliance: Vorderseite, 4 obere Fotos der Rückseite
© KNA-Bild: unteres Foto der Rückseite

Innenteil:
© dpa / picture alliance
außer:
© KNA-Bild: 2, 107 (3 Fotos), 112, 113, 114, 117 o. li., 121, 124, 125,
126 u., 130 o. li., 130 u. li., 130 u. re., 139, 143, 146, 151
© L'Osservatore Romano: 11, 25, 129, 131, 134 o.
© Stefan von Kempis: 6
© Wikimedia Commons: 37 o. (Marie-Lan Nguyen), 126 o.

EIN GEMEINSCHAFTSPROJEKT
DES VERLAGS HERDER UND DER VERLAGSGRUPPE WELTBILD

www.herder.de
www.weltbild.de

© Verlag Herder GmbH, Freiburg im Breisgau 2013
Alle Rechte vorbehalten

Texte der Päpste Benedikt XVI. und Franziskus:
© Libreria Editrice Vaticana

Redaktionsschluss: 26. März 2013

Projektleitung: Burkhard Menke (Herder), Guido Schröer (Weltbild)
Coverentwurf: Agentur Idee / Ines Dopychai
Gestaltung und Satz: Uwe Stohrer, Gundelfingen
Herstellung: Neografia a.s., SK-Martin

Printed in the European Union

ISBN 978-3-451-33408-5

Inhalt

Wir sind Papst!

Habemus Papam – das Unfassbare ist Wirklichkeit geworden: Ein normaler Mensch ist Papst. Jorge Mario Bergoglio, der neue Papst Franziskus, hat wie wohl die meisten von uns keine perfekte Biografie, sondern auch eine mit Umwegen. Er ist ein Papst, der mal eine Freundin hatte und in seiner Freizeit Tango tanzte; der weiß, wie es ist, einen Migrationshintergrund zu haben oder als Putzmann in einer Fabrik zu arbeiten. Ein Papst, der unter einem diktatorischen Regime keinen strahlenden Widerstand leistete, sondern im Verborgenen tat, was er konnte, um Opfern zu helfen. Ein Papst, der nach einem wichtigen Posten wie dem des Jesuitenprovinzials klaglos wieder in die zweite Reihe zurückgehen konnte. Er weiß, wie man U-Bahn fährt, seine Wäsche wäscht, sein Bett macht, sein Essen kocht oder Besuchern mal eben einen Kaffee aufsetzt, und das verbindet ihn mit Millionen normaler Menschen. Seine Vita erinnert mich an ein Gedicht von Kurt Marti, in dem es heißt: „welche wohltat / einmal auch sagen zu dürfen: / nein er war nicht tüchtig / und wechselte oft die stelle / nein er war nicht fleißig / und arbeitete nur / sofern es nicht anders ging ... (er) schlürfte cognac in straßencafés / meditierte die schönheit der frauen / oder die tauben am turm ..." Heute kann der normale Mensch wirklich staunen: Wir sind Papst!

Ich nehme die Wahl an, auch wenn ich ein Sünder bin": Das soll der Argentinier nach seiner Wahl zum Bischof von Rom den Kardinälen im Konklave als Erstes gesagt haben. Keiner weiß so genau wie dieser Papst, dass er kein Übermensch ist. Aber es ist ihm ernst damit, die Prinzipien des Christentums oder, allgemeiner gefasst, des richtigen Lebens nicht in unerreichbaren Höhen zu belassen, sondern sie konkret in den Alltag hineinzubuchstabieren. Die Reform der Kirche, die Veränderung der Welt fängt für ihn ganz, ganz unten an. Und hier wird die Sache dann doch unbequem für uns Normale – denn nichts hasst der neue Papst so sehr wie Heuchelei. „Ich nenne mich katholisch, aber ich zahle die Steuern nicht oder ich betrüge meine Frau" – so hat er einmal in einem Gespräch erklärt, was falsches Leben im richtigen ist. „Oder ich höre meinen Kindern nicht zu. Oder ich schiebe meine alten Eltern in ein Altenheim ab und besuche sie da nie. Oder ich pfusche ein bisschen an der Waage oder dem Taxameter herum, damit sie mehr anzeigen." Das sei „ein Zusammenleben mit dem Betrug, nicht nur dem Staat oder meiner Familie, sondern mir selbst gegenüber". Die „ethische Herausforderung" laufe, genauso wie die religiöse, „über die Kohärenz zwischen den Prinzipien und dem Verhalten". Wir sind Papst – das könnte ein ungemütlicher Anspruch sein für unseren Alltag.

Dieser Mensch, dieser Papst namens Franziskus, zieht viele Hoffnungen auf sich bei Glaubenden wie bei Nichtglaubenden. „Ich habe einen Traum", sagt mit der berühmten Martin-Luther-King-Formulierung der Abt im schweizerischen Benediktinerkloster Einsiedeln, Martin Werlen: „Und wenn einer der ersten Entscheide des neuen Papstes darin bestünde, auf alle Ehrentitel zu verzichten? Keinen Heiligen Vater, keine Eminenzen und Exzellenzen mehr, sondern einfach Papst Franziskus, Bischof Peter und Kardinal Hans, wie das in der Liturgie der Fall ist." Das wäre aus Abt Martins Sicht „ein kleines Zeichen dafür, dass die Herausforderung in der Kirche nicht darin besteht, ein System und Macht zu erhalten, sondern der Mission Christi treu zu sein."

Uns stehen spannende Zeiten ins Haus. Dieser neue Pontifex wird uns mal verzaubern wie in seiner ersten „Balkonszene, die es mit Romeo und Julia aufnehmen kann" (Christiane Florin), mal verärgern mit unvermeidlich unpopulären Entscheidungen. Aber sicher ist: Er wird uns immer überraschen.

Sein großes Thema als Papst ist von Anfang an die Barmherzigkeit. Und das heißt auch: Barmherzigkeit mit uns selbst. Nicht perfekt sein wollen, keine Angst vor Schwäche haben oder, wie er bei seiner Amtseinführung sagte, „keine Angst vor der Zärtlichkeit". Nicht weniger als sechs Mal kam das Wort „Zärtlichkeit" in dieser Antrittspredigt vor: *tenerezza*. Wirklich, ein ungewöhnliches Programm für einen Papst.

Das Franziskus-Wunder wäre nicht möglich geworden – und das geht bisher ein bisschen unter – ohne den Amtsverzicht von Papst Benedikt XVI. Dass der deutsche Papst ohne Aufhebens in die Verborgenheit zurücktrat, hat zwar seine Porträtbildchen in den Souvenirläden Roms nahezu zum Verschwinden gebracht, seinem rätselhaften und nicht immer leichtverdaulichen Pontifikat aber endgültig Größe beschert. Wer genau hinsieht, der kann erkennen, dass Benedikt Franziskus auch thematisch den Boden bereitet hat. Von seiner ersten Enzyklika *Deus caritas est* etwa führt eine direkte Linie zum Papst der Barmherzigkeit. Auch bei der Liebe zur Schöpfung und beim Dialog mit den Religionen kann Franziskus an Benedikt anknüpfen.

Dieses Buch will Sie, liebe Leserinnen und Leser, am Umbruch im Vatikan und in der Weltkirche teilhaben lassen. Ich danke meiner Familie für ihre Geduld und Burkhard Menke, Claudia Russo, Uwe Stohrer und Guido Schröer für die gute Zusammenarbeit.

Stefan von Kempis

Stefan von Kempis ist Redakteur bei *Radio Vatikan* und bei der Zeitschrift *Gemeinsam glauben*. Er studierte in Bonn, Freiburg und Paris Geschichte und Theologie sowie in Rom und Kairo Islamwissenschaften. Mehrere Bücher über Papst Benedikt XVI. stammen aus seiner Feder. Er wohnt in Rom, ist mit einer Spanierin verheiratet und hat zwei Kinder.

Weißer Rauch über Rom

Damit hat kaum einer gerechnet: Zum ersten Mal seit über 1200 Jahren wird am 13. März 2013 ein Nichteuropäer auf den Stuhl des heiligen Petrus gewählt. Der argentinische Jesuit Jorge Mario Bergoglio, bisher Erzbischof von São Paulo, nennt sich Papst Franziskus — nach dem Vorbild des heiligen Franz von Assisi. Er stellt sich vor als „ein Bischof vom Ende der Welt" und beginnt sein Pontifikat mit Gesten der Einfachheit: „Buona sera", „Guten Abend", sagt er zu den 150.000 Menschen auf dem Petersplatz. Und dann ruft er als Erstes seinen Vorgänger, den emeritierten Papst Benedikt, an.

Eine Möwe auf dem Schornstein der Sixtina

Tausende von Menschen standen, Regenschirme über den Köpfen, auf dem Petersplatz in Rom und beobachteten eine Möwe. Es war Mittwoch, der 13. März 2013. Immer mehr Neugierige strömten auf den Platz vor der Petersbasilika, Polizisten schauten ihnen nur flüchtig in die Taschen, und Großbildschirme an den Kolonnaden des Bernini zeigten allen das ins Riesenhafte vergrößerte Live-Bild der Möwe, die ruhig auf einem Schornstein hoch über der Menge saß. „Das ist doch ein Zeichen", sagte jemand. Wir hatten alle etwas strapazierte Nerven, während wir in der heranbrechenden Dämmerung diese Möwe beobachteten.

Heute kann doch kein weißer Rauch kommen, dachte ich. Dafür ist es noch zu früh. Die 115 Kardinäle, die in der Sixtinischen Kapelle des Vatikans seit dem vorigen Nachmittag damit beschäftigt waren, einen neuen Papst zu wählen, konnten eigentlich noch nicht zu einem Ergebnis gekommen sein. Sie hatten doch in der hermetischen Abgeschlossenheit der Kapelle, die in ihren

Eindeutig ist das Signal am Nachthimmel Roms: Die katholische Kirche hat nach 13 Tagen Sedisvakanz wieder ein Oberhaupt.

Maßen angeblich genau dem antiken Tempel von Jerusalem entspricht, erst fünf Wahlgänge hinter sich. Zwei Mal war in den letzten 24 Stunden schwarzer Rauch aus dem Schornstein über der Sixtina aufgestiegen als Zeichen dafür, dass die Abstimmungen noch zu keiner Mehrheit geführt hatte. Und so zerstritten, wie die Wählerkardinäle nach Auskunft der Weltpresse waren, würden sie sich auch so schnell nicht einig werden. Nein,

dachte ich. Heute würde es keinen weißen Rauch mehr geben aus diesem Schornstein, auf den wir alle starrten – und auf dem die Möwe saß.

Und dann kam er doch, kurz nach 19.00 Uhr. Die Möwe, die ein paar Mal auf dem eisernen Hütchen über dem Schornstein herumgepickt hatte, war irgendwann weggeflattert, es war schon dunkel geworden, starke Scheinwerfer beleuchteten das Ofenrohr – und auf einmal kam tatsächlich weißer Rauch heraus. Erst eher graue Schwaden, dann zweifelsfrei weiße. Ein Schrei ging durch die Menge. Die Glocken begannen zu läuten, Schweizergardisten mit aufgepflanzten Hellebarden marschierten auf, die Wartenden begannen Fahnen zu schwenken und Sprechchöre zu rufen. Kein Zweifel, der Rauch war weiß. Ein Papst war gewählt, nur einen Monat und zwei Tage, nachdem der deutsche *Pontifex Maximus* Benedikt XVI. überraschend seine Abdankung angekündigt hatte. Aber wer mochte der 265. Nachfolger des heiligen Petrus sein? Die vatikanische und die italienische Hymne erklangen, bei der letzteren sangen viele auf dem Platz mit. Hatte etwa Italien nach 35 Jahren ausländischer Pontifikate (so nennt man die Regierungszeit eines Papstes) den Stuhl des römischen Bischofs zurückerobert? Der Regen ließ etwas nach, es tröpfelte nur noch. Im ersten Stock des Petersdoms, über der Vorhalle, gingen Lichter an. Und dann trat Kardinaldiakon Jean-Louis Tauran auf die mittlere Loggia und rief, offenbar tief bewegt, das Habemus Papam!

„Wir haben einen Papst!", sagt diese alte lateinische Formel. *Eminentissimum ac reverendissimum*

Dominum: Georgium Marium. Wer war denn das? Einige klatschten Beifall, aber die meisten auf dem Petersplatz sahen sich ratlos an. Mit einem *Angelum* oder einem *Odilum* hatten die meisten hier gerechnet, schließlich hießen die Spitzenreiter für das Papstamt nach Zeitungsangaben Angelo Scola, Erzbischof von Mailand, und Odilo Scherer, Erzbischof von São Paulo. Tauran, der bis vor kurzem den Vatikanrat für das Gespräch mit anderen Religionen geführt hatte, kam zum Nachnamen des Neugewählten. *Sanctae Romanae Ecclesiae cardinalem: Bergoglio!*

Ohrenbetäubender Beifall brach aus und Fassungslosigkeit – diesen Argentinier hatte kaum jemand auf seiner *Papabile*-Liste geführt. Ich überlegte in Windeseile, was ich über Bergoglio wusste. Er ist Jesuit, 76 Jahre alt, Erzbischof der argentinischen Hauptstadt Buenos Aires; er hat italienische Vorfahren und er lebt sehr einfach, fährt Bus beziehungsweise Metro, kocht sich in seiner kleinen Wohnung in der Regel selbst das Abendessen, geht oft in die Slums, ist den Armen nahe. Ein Papst aus Lateinamerika! Schon das: eine Sensation.

Qui sibi nomen imposuit: So lautet der Schlussteil der Formel; sie gibt den Namen an, den der neue Papst führen will. *Franciscum,* verkündete Kardinal Tauran. Ich brauchte einen Moment, um die Tragweite dessen, was da geschah, zu erfassen; der losbrechende Jubel auf dem Platz war ungeheuer. Dieser neue Papst brach gerade mit einer stillschweigenden Tradition von traditionellen Papstnamen, die bis ins 4. Jahrhundert zurückreicht, und nannte sich nach Franz von Assisi, diesem Heiligen der Einfachheit aus dem 13. Jahrhundert – das hatte bisher kein Stellvertreter Christi gewagt! Natürlich war bei Spekulationen über mögliche Papstnamen immer wieder mal auch „Francesco" aufgetaucht, aber wie hatte doch Papst Paul VI. einmal geseufzt: „Mit diesem Vatikan wird es nie einen Papst Franziskus geben. Denn der heilige Franz zerstörte die menschengemachten Regeln und wollte nur dem Evangelium gehorchen."

Franziskus' erster, fast scheuer Auftritt „hat der katholischen Ikonografie eine Balkonszene beschert, die es mit Romeo und Julia aufnehmen kann" (Christiane Florin).

Empfang mit offenen Armen: Endlich kann sich die Freude über den neuen Pontifex entladen, als er um 20.10 Uhr die Mittelloggia betritt.

Franziskus – ein Name, der sofort Bilder und Gefühle heraufbeschwor. Der heilige Franziskus war in äußerster Armut, nur mit einem sackartigen Überwurf bekleidet, durch Umbrien gezogen und hatte die Wundmale Jesu getragen; er besang in der Sprache des einfachen Volkes die Sonne und das Wasser. Für ausgelassene Freude und kindliches Gottvertrauen stand er, aber auch für Verzweiflung, Krankheit und Gottverlassenheit. Julien Green hat in seinem Buch *Bruder Franz* mit großem psychologischem Gespür auch die dunkle Seite des *poverello,* des Armen von Assisi herausgearbeitet. Was für ein Anspruch für einen Papst!

Ein berühmtes Mosaik des Giotto in der Oberkirche von Assisi zeigt den heiligen Franziskus, wie er den Vögeln predigt. Und jetzt gab es also einen Papst, der Franziskus hieß! Eigentlich könnte er die Möwe, die – als hätte sie es geahnt – während seiner Wahl auf der Sixtinischen Kapelle saß, in sein Wappen aufnehmen.

„Guten Abend!"

Es gibt in Rom kaum einen spannenderen Moment zu erleben als den, in dem ein neugewählter Papst auf die Mittelloggia des Petersdomes tritt. Dieser Augenblick ist eine Initialzündung; von hier geht eine Linie aus, die sich dann durch die nächsten Jahre des Pontifikats zieht. Ein Papst ist in erster Linie Bischof von Rom – wie nehmen ihn nun die Römer auf? Darüber entscheiden diese Minuten, oft in einer aufgewühlten Atmosphäre.

Die Kardinäle, die soeben Franziskus gewählt hatten, nahmen auf den seitlichen Balkonen des Petersdoms Aufstellung; auch sie wollten den ersten Auftritt des neuen Papstes nicht verpassen. Ich erkannte Angelo Scola und mehrere andere italienische Kardinäle, auch Kardinal Óscar Andrés Rodríguez Maradiaga aus Honduras, der vor dem Konklave von 2005 als möglicher erster Papst aus Lateinamerika gegolten hatte. Den Papstwählern standen Emotionen, auch Anstrengung ins Gesicht geschrieben. Später in der Nacht konnte ich mit mehreren Kardinälen sprechen, die an der Wahl teilgenommen hatten; einige von vertraten sich zum ersten Mal seit Beginn des Konklaves auf dem abgesperrten Petersplatz die Beine. Ihnen allen war tiefe Erschöpfung anzumerken.

20.10 Uhr: Papst Franziskus betritt die Mittellog-

Nach dem Blitz des Rücktritts nun das Blitzlichtgewitter beim „Habemus Papam".

gia von Sankt Peter und grüßt mit einem kurzen Winken der rechten Hand die Menschen auf dem Platz. Er trägt nur die einfache weiße Papstsoutane und nicht das traditionelle Purpurcape, die sogenannte Mozzetta. Um den Hals hat er ein Kreuz aus Eisen, nicht aus Gold, auf dem Jesus als guter Hirte dargestellt ist, der ein Schaf über den Schultern trägt. Es ist das verirrte Schaf aus dem Gleichnis der Evangelien, dem Jesus nachgeklettert ist, um es wieder zur Herde zurückzuholen; die Darstellung ist aus dem frühen Christentum bekannt. Ein bisschen dicklich ist Papst Bergoglio wie einst Johannes XXIII.; er hat ein ruhiges, gutmütiges Gesicht, große Ohren, eine altmodische Brille. Beifall und „Francesco"-Rufe branden auf, aber dann kommt es zu einem Moment der Stille. Der Papst hat die Hände sinken lassen und steht einfach nur so da; er schaut hinunter zum Platz. Hier ist er, dieser emblematische erste Moment. Ein Papst, der einfach so dasteht, beobachtet und nichts sagt. Ob er innerlich aufgewühlt ist? Ob er nachdenkt?

Aber vielleicht ist das auch schon die erste große Verweigerung einer Inszenierung. Papst Franziskus ist Argentinier; er hat erlebt, wie sich Diktatoren wie Juan Domingo Perón oder Präsidentinnen wie Cristina Kirchner auf dem Balkon der *Casa Rosada* von Buenos Aires vor ihrem Volk in Szene setzten. So ein Schauspiel will er hier offenbar nicht bieten. Papst Franziskus ist auch Jesuit: „Und wir Jesuiten sind demonstrativ von einfacher Frömmigkeit, wir sind stolz auf unsere Demut", so wird mir augenzwinkernd ein paar Tage später ein Freund sagen, der ebenfalls zur *Gesellschaft Jesu* gehört. „Der weiß genau, was er tut. Der steht da einfach und tut nichts, und damit reißt er alles ein." Alles, was es bislang in solchen Augenblicken an Inszenierungen gegeben hat: das charismatische Winken Johannes Pauls II., die Versenkung ins Liturgisch-Gesammelte eines Benedikt XVI.

„Brüder und Schwestern, guten Abend!", sagt der Papst dann auf Italienisch. „Buona sera!": das erste Wort dieses Pontifikats, die Sache geht sehr

unpathetisch an. Ich muss, während um mich herum auf dem Petersplatz geklatscht, geschrien und gejubelt wird, kurz daran denken, wie Benedikt XVI. unmittelbar vor seinem Rücktritt am 28. Februar auf dem Balkon seiner Sommerresidenz Castelgandolfo aufgetreten war. Die letzten Worte des deutschen Pontifikats waren gewesen: „Buona notte!", „Gute Nacht!" Dazu passt jetzt das „Buona sera" des Neuen. „Ihr wisst, es war die Aufgabe des Konklaves, Rom einen Bischof zu geben", fährt Papst Franziskus fort. „Es scheint, meine Mitbrüder, die Kardinäle, sind fast bis ans Ende der Welt gegangen, um ihn zu holen. ... Aber wir sind hier. Ich danke euch für diesen Empfang. Die Diözese Rom hat nun ihren Bischof. Danke!"

So fängt das Pontifikat des ersten Papstes aus Lateinamerika also an: mit einem „Guten Abend" und mit einem Scherz. Franziskus macht auf mich einen Eindruck von selbstsicherer Einfachheit. „Papst" hat er sich selbst nicht genannt, stattdessen spricht er vom „Bischof von Rom". Auch das zielt direkt auf die Grundlagen. Ein „Papst" ist zurückgetreten, jetzt kommt ein „Bischof von Rom". „Wir

„Brüder und Schwestern, guten Abend." Das erste Auftreten von Franziskus offenbart mehr über ihn, als Worte sagen können.

müssen aufpassen", wird mir mein Jesuitenfreund ein paar Tage später sagen, „wenn Johannes Paul oder Benedikt fromm waren, dann machten sie die Kerzen an und ließen Weihrauch schwenken. Aber jesuitische und franziskanische Spiritualität ist anders: Die will den Glauben eins zu eins umsetzen. Erst recht in Lateinamerika, als Antwort auf die seltsame, neue Art von Frömmigkeit, die sich da durch die Sekten entwickelt. Das kann für viele anstrengend werden."

Der Bischof und das Volk

Franziskus wartet, bis der Beifall verebbt, dann fährt er fort: „Zunächst möchte ich ein Gebet sprechen für unseren emeritierten Bischof Benedikt XVI. Beten wir alle gemeinsam für ihn, dass der Herr ihn segne und die Mutter Gottes ihn beschütze." Er betet ein *Vaterunser* und ein *Ave Maria* mit den Menschen auf dem Petersplatz. Ein paar Hubschrauberminuten entfernt sitzt der zurückgetretene Papst in Castelgandolfo, dem Dörfchen in den Albaner Bergen, vor dem

All den Spekulationen und Prognosen über die *Papabili* zum Trotz fiel die Wahl auf einen 76-jährigen Ordensmann.

So klein und doch schon bei so großen Ereignissen mit dabei.

Besonders große Freude bei den Landsleuten des neuen Papstes.

Fernseher und schaut zu. Alles, was hier gerade passiert, ist neu und erstmalig: Mit einem Vaterunser und einem Ave anzufangen, setzt diesem argentinischen Pontifikat einen Grundton der Frömmigkeit. Franziskus (den viele Medien zunächst fälschlich „den Ersten" nennen werden) beginnt nicht mit einer Ankündigung von Reformen oder mit triumphalem Gestus, er beginnt mit einem Gebet.

„Und jetzt beginnen wir diesen Weg – Bischof und Volk –, den Weg der Kirche von Rom, die den Vorsitz in der Liebe führt gegenüber allen Kirchen; einen Weg der Brüderlichkeit, der Liebe, des gegenseitigen Vertrauens. Beten wir immer füreinander. Beten wir für die ganze Welt, damit ein großes Miteinander herrsche. Ich wünsche euch, dass dieser Weg als Kirche, den wir heute beginnen und bei dem mir mein Kardinalvikar, der hier anwesend ist, helfen wird, fruchtbar sei für die Evangelisierung dieser schönen Stadt."

Wir: Bischof und Volk. Das lässt an die Formulierung des Zweiten Vatikanischen Konzils denken, die die Kirche das „Volk Gottes" nannte, unterwegs durch die Zeit. Es hat aber auch einen lateinamerikanischen Unterton: Viele Mächtige des Kontinents haben sich in den letzten Jahrzehnten an allen demokratischen Institutionen vorbei direkt ans „Volk" gewandt beziehungsweise aufs „Volk" bezogen, zum Beispiel Hugo Chávez, der acht Tage zuvor verstorbene Präsident von Venezuela, ein begnadeter Populist. Positiv gewendet hat aber auch die Kirche Lateinamerikas seit dem Zweiten Vatikanischen Konzil viel dafür getan, wirklich eine Kirche des Volkes zu sein, zum Beispiel mit ihrer „vorrangigen Option für die Armen". Diese wurde auf einer Großkonferenz lateinamerikanischer Kirchenführer im mexikanischen Puebla 1979 beschlossen. Und einer, der damals mit dabei war, war „Padre Jorge", der heutige Papst.

„Am Anfang eines gemeinsamen Weges".

Die vom Papst gebrauchte Formulierung „Vorsitz in der Liebe" ist ein bekanntes Zitat: So hatte in der Frühzeit des Christentums der heilige Ignatius von Antiochien den Vorrang der römischen Kirche beschrieben. Die Formel erfreut sich seit dem Konzil wieder größerer Beliebtheit, weil sie den Primat des Papstes auf eine Weise ausspricht, die andere christliche Kirchen nicht vor den Kopf stößt. Und die Tatsache, dass Franziskus bei seinem ersten öffentlichen Auftritt den Kardinalvikar für sein Bistum Rom, Agostino Vallini, an der Seite hat, macht zusätzlich klar, dass er sein Amt als Bischof der Stadt ernst nehmen, ja dass er von diesem Amt aus gewissermaßen das Papsttum neu mit Inhalt füllen will. Mit dem Hinweis auf die „Evangelisierung" greift Franziskus schließlich das Thema der „Neu-evangelisierung" auf, das sich der Vatikan in den letzten Jahren verstärkt auf die Fahnen geschrieben hat. Der missionarische Elan, der im Wort „Neu-

evangelisierung" mitschwingt, findet sich schon in der Biografie des heiligen Franz von Assisi, der 1219 ins Heilige Land aufgebrochen war, um mit dem ägyptischen Sultan Glaubensgespräche zu führen.

Die kurze Ansprache des neuen Papstes ist also viel kunstvoller gebaut, als sie klingt. Wie überhaupt dieser erste Auftritt, auch wenn er so einfach daherkommt, sorgfältig durchorchestriert ist. An seiner Seite hat Franziskus bei diesem ersten Auftritt außer Vallini auch den brasilianischen Kardinal Claudio Hummes, der Franziskaner ist. „Beten wir immer füreinander" – das verstärkt den Eindruck, dass hier ein Pontifikat im Zeichen des Gebetes anhebt.

Franziskus weiß, dass von ihm jetzt ein feierlicher Segen erwartet wird. Aber wieder tut er etwas Überraschendes: „Ehe der Bischof das Volk segnet, bitte ich euch, den Herrn anzurufen, dass er mich segne: das Gebet des Volkes, das um den Segen für seinen Bischof bittet. In Stille wollen wir euer Gebet für mich halten." Und er verneigt sich zum Platz hin. Schon wieder ein verwirrendes Bild. Statt für Papst Bergoglio zu beten, starren die meisten auf dem Petersplatz auf die Großleinwände, die diese Verbeugung des Papstes vor der Menge ins Riesenhafte ziehen. Die Kardinäle, die sich auf den Nebenloggien drängen, verstehen nicht, was da vorgeht. „Die Lautsprecher waren zum Platz hin gerichtet, darum haben wir nicht nur nichts gesehen, sondern auch nichts gehört", wird Kardinal Angelo Comastri ein paar Tage später erzählen. „Als wir gesehen haben, dass die Leute auf einmal anfingen, still zu beten, fragten wir uns gegenseitig: Was ist denn passiert? Warum sind die denn auf einmal alle so still?" Er habe das dann beim Rausgehen einen Angestellten des Vatikanischen Fernsehzentrums gefragt, der habe ihm die Szene erklärt.

Der Papst lässt sich eine Stola reichen, liest die feierliche Segensformel vor, ohne sie allerdings (wie das eigentlich üblich wäre) zu singen, und schlägt das Kreuzzeichen „urbi et orbi" über seiner Bischofsstadt und der Welt – bis hin zu jenem Ende der Welt, von dem er nach eigener Aussage kommt. Dann bedankt er sich noch einmal: „Betet für mich und bis bald! Wir sehen uns bald: Morgen möchte ich die Mutter Gottes aufsuchen und sie bitten, ganz Rom zu beschützen. Gute Nacht und angenehme Ruhe!" Danach noch ein Wort, das vom Mikro nicht mehr richtig erfasst wird und das sich wie ein „Ciao" anhört.

Und wir 150.000 Zuschauer auf dem Petersplatz? Wir sind aufgewühlt und haben den Eindruck, einen großen Moment erlebt zu haben. Das ist alles ganz anders als bei Benedikt XVI., geht es mir durch den Kopf. Das ist ja wie eine Revolution.

„Wir teilen gemeinsame Ziele – vom Einsatz für Frieden, soziale Gerechtigkeit und Menschenrechte bis zum Kampf gegen Armut und Hunger, alles wichtige Elemente einer nachhaltigen Entwicklung."

UN-Generalsekretär Ban Ki-moon in New York

„Er wird uns alle überraschen"

Noch in der Nacht begannen die Kardinäle zu plaudern, allen Geheimhaltungsschwüren zum Trotz. Schon im ersten Wahlgang am Mittwochabend habe der argentinische Kardinal die meisten Stimmen bekommen, sagte einer; aber dem widersprachen andere später. Als während der Auszählung der Stimmen im fünften Wahlgang klar geworden sei, dass Jorge Mario Bergoglio die 77er-Marke übersprungen und damit die nötige Zweidrittelmehrheit erreicht hatte, seien die Papstwähler in Beifall ausgebrochen, erzählte Kardinal Giovanni Battista Re, der die Abstimmungen geleitet hatte. Und in diesem Moment seien viele weitere Wahlscheine noch gar nicht ausgezählt gewesen. Der Ire

Sean Brady bestätigte indirekt Gerüchte, nach denen Bergoglio in der fünften Runde auf über 90 der insgesamt 115 Wählerstimmen gekommen sei. „Gott verzeihe euch das, was ihr heute getan habt", sei eine der ersten Reaktionen des Gewählten gewesen.

Deutsche Kardinäle, die an dem Ringen in der Sixtina teilgenommen hatten, traten einige Stunden nach der Papstwahl im Priesterkolleg des *Campo Santo Teutonico,* also auf Vatikanboden, vor die Presse. „Ich war eigentlich ganz froh, dass es fast so aussah in den letzten Tagen, als ob man Bergoglio vergessen hätte", sagte der Mainzer Kardinal Karl Lehmann, der sehr zufrieden mit der Wahl von Papst Franziskus wirkte. „Von ihm war nicht so viel die Rede wie von anderen. Das ist immer ganz interessant, es gibt immer ein Auf und Ab. Erst in den letzten zwei oder drei Tagen spürte man – auch durch die Art und Weise, wie er geredet hat –, dass Potenz dahintersteckt." Die Woche intensiver Beratungen von Kardinälen in sogenannten Generalkongregationen, die dem Konklave vorausgegangen waren, war also nicht umsonst gewesen.

Lehmann hatte in der Sixtina zwei Plätze neben Bergoglio gesessen und sich gewundert, „mit welcher Ruhe er den ganzen Tag alles hat über sich ergehen lassen". Er fand es „umwerfend, dass der

erste Jesuit als Papst auf die Frage nach seinem Namen sagte: ‚Franziskus in Erinnerung an Franz von Assisi.' Das war natürlich eine eigene Marke, die da sichtbar geworden ist!" Bergoglio-Franziskus sei „außerordentlich unkompliziert, und dabei ist

> „Es ist unser Wunsch, dass er, indem er die Führung der Kirche übernimmt, eine fruchtbare Aufgabe erfüllt, die so große Verantwortung für die Gerechtigkeit, die Gleichheit, die Brüderlichkeit und den Frieden der Menschheit beinhaltet."
>
> *Argentiniens Präsidentin Cristina Kirchner*

er knapp und die Gesten sind sehr individuell und expressiv. So dass ich glaube, dass er sich nicht schwer tun wird mit den Menschen." In seine neue Rolle habe der Gewählte sofort hineingefunden: „Da geht ein Mann durch die Tür und kommt nach einer halben Stunde als Papst in Weiß gekleidet wieder. Und er weiß sich sofort zu benehmen, weiß sofort die richtige Sprache. Das hat mir sehr imponiert."

Nicht er selbst, aber andere Kardinäle hätten sich vor der Wahl bei Bergoglio erkundigt, wie es denn um seine Gesundheit stehe. Der Erzbischof

Während Franziskus tief verneigt vor der Menge verweilt, beten die Gläubigen im Stillen für ihr Oberhaupt.

von Buenos Aires habe signalisiert, es gehe ihm gut. Lehmann hatte auch „bei zwei Kardinälen aus Lateinamerika, die ich kenne", Erkundigungen eingezogen, ob Bergoglio aus seiner Zeit als Jesuitenprovinzial unter der Militärdiktatur irgendetwas vorzuwerfen sei. „Die haben mir alle gesagt, dass er nie in eine Abhängigkeit gekommen ist. Man hat immer wieder versucht, ihm etwas anzuhängen mit Blick auf die schwierigen Zeiten in Argentinien, das sei aber nicht gelungen." Lehmann war sich sicher, dass der neue Papst „die Probleme an der Kurie", die sich unter Benedikt XVI. gehäuft hatten, genau kenne: „Ich bin froh, dass er da nicht so verwickelt ist und dass er nicht so bekannte Freundschaften hier mit einflussreichen Leuten hat." Franziskus werde sicher einiges an der Kirchenspitze ändern, er sei „schlau genug", aber man müsse ihm natürlich „Zeit lassen" dafür.

Bei ihnen ist heller Nachmittag, als die Menschen in Argentinien vom Ausgang des Konklaves erfahren.

Der Kölner Kardinal Joachim Meisner, der ein enger Vertrauter des zurückgetretenen Papstes Benedikt war, gab offen zu, dass er über den Neuen gar nicht viel wisse. Im Konklave habe er „die, die Bescheid wissen", gefragt, „und dann kommt man ins Gespräch – und dann sagt man: Tatsächlich! Das ist der Richtige!" Aber er habe sich das vorher – es war für Meisner das zweite Konklave – „anders vorgestellt": „An den Kardinal Bergoglio habe ich nicht gedacht. Doch siehe da ... Das ist ja das Schöne, dass wir eigentlich nicht die Macher sind, wir sind eigentlich nur so die ausführenden Organe." Auch andere Kardinäle hätten mit Blick auf Jorge Mario Bergoglio

im Dunkeln getappt: „Ich glaube, die meisten, die heute aus dem Konklave herausgekommen sind, werden sagen: Das hätten wir nicht gedacht!" Kaum einer der Wählenden habe übrigens, so Meisner, gewusst, dass der Argentinier auch Jesuit sei. „Aber das hat auch gar keine Rolle gespielt."

Dass Franziskus ein Nichteuropäer war, werde bestimmt „die Akzente anders setzen". „Es ist doch ganz klar: Wenn er träumt, dann träumt er von zuhause und nicht von Köln", so Meisner. „Insofern bin ich schon gespannt, was er uns so alles in die Kirche hineinbringt an positiven Dingen." Eine Kurienreform, von der jetzt viele redeten, scheine ihm gar nicht unbedingt nötig, die Kurie sei „besser als ihr Ruf". Auf die Frage, wie der emeritierte Papst Benedikt XVI. denn wohl auf den Namen seines Nachfolgers reagiert haben mochte, sagte Kardinal Meisner: „Ehrlich gesagt, Bergoglio war ja schon beim letzten Konklave im Rennen. Und ich denke, Benedikt wird schmunzeln und sagen: Naja, der liebe Gott kommt doch zum Ziel. Wenn er ihn damals schon haben wollte, ist es nicht gleich gelungen, aber jetzt, acht Jahre später, ist es okay ..."

Der neue Papst werde „natürlich viel aus seinem Leben erzählen müssen, das ist wahrscheinlich der Nachteil", sagte der Erzbischof von Köln. Aber der Vorteil sei: „Er wird uns alle überraschen."

Ein Papst in der Rumpelkammer

Die Überraschungen hatten längst begonnen. Unmittelbar nach seiner Wahl war Franziskus auf den

Gedanken gekommen, seinen Vorgänger anzurufen. Das Problem war nur: Im Umfeld der Sixtinischen Kapelle funktionierten die Telefone nicht, auch Handys hatten hier keinen Empfang. Die Techniker, die mit Störsendern für die Abgeschirmtheit der Papstwähler sorgen sollten, hatten ganze Arbeit geleistet.

Einer meiner Kollegen von Radio Vatikan, der sich in diesem Moment in der Nähe der Sixtina aufhielt, wusste Abhilfe: In dem Zimmer über der Vorhalle des Petersdoms, von dem aus wir in der Regel den Live-Kommentar zu großen Papstmessen in der Basilika sprechen, musste eigentlich noch ein Telefon funktionieren. Kein Problem, gehen wir, beschloss der neue Papst. In dem Zimmer hatten ein paar von uns zuletzt am Tag zuvor gearbeitet, um den Einzug der Kardinäle ins Konklave zu übertragen; wir mussten, damit wir den Papstwählern nicht in die Quere kamen, mit einem Lastenaufzug an den Kolonnaden hochfahren und dann über eine eiserne Wendeltreppe seitlich in den Petersdom einsteigen, um den Raum zu erreichen. Hier standen neben unseren Sprecherkabinen ein ausrangierter Beichtstuhl, gestapelte Stühle und ähnliches Gerät. Und eben das Telefon, das auch tatsächlich funktionierte. Papst Franziskus nahm an dem Tisch Platz, an dem gestern noch unser Technik-Koordinator Mario gesessen hatte, und rief Benedikt XVI. in Castelgandolfo an.

Doch der emeritierte Papst nahm nicht den Hörer ab. Er saß mit allen seinen Mitarbeitern vor dem Fernseher und hörte das Klingeln nicht. Erst nach einigem Hin und Her gelang es dann doch, ein Gespräch zwischen dem alten und dem neuen Papst zustande zu bringen. Der Presse wurde später erzählt, die beiden hätten ein baldiges Treffen vereinbart – aber verschwiegen wurde, dass der neue Bischof von Rom den Anruf aus einer Art Rumpelkammer getätigt hatte. Es war das erste Mal überhaupt, dass ein Papst diesen Arbeitsbereich hinter den Kulissen des Petersdoms zu Gesicht bekam.

In diesem Stil ging es weiter. Vom Apostolischen Palast aus fuhr Papst Franziskus nicht mit einer Limousine zurück in das Vatikan-Gästehaus *Santa Marta,* wo er mit den Kardinälen zu Abend essen wollte; er setzte sich einfach in einen der kleinen Shuttle-Busse zwischen die Kardinäle. Die Brasilianische Bischofskonferenz stellte später ein paar verwackelte Fotos davon auf ihre Homepage, auf denen man Franziskus ruhig vor seinem Freund, Kardinal Claudio Hummes, sitzen sieht. Eine neue, unkomplizierte Art zog in dieser Stunde null im Vatikan ein: Der Name „Franzis-

„Als Fürsprecher der Armen und der Schwächsten trägt er die Botschaft von Liebe und Mitgefühl weiter, die die Welt seit mehr als 2000 Jahre inspiriert hat. ... Die Wahl des ersten Papstes aus Amerika zeigt die Kraft und Lebendigkeit einer Region, die in zunehmendem Maß unsere Welt prägt, und so teilen wir mit Millionen hispanischen Amerikanern die Freude dieses historischen Tages."

US-Präsident Barack Obama
und Ehefrau Michelle in Washington

kus" war vom ersten Moment an Programm. Das konnte tatsächlich anstrengend werden – aufregend war es allemal. „Die Kardinäle haben Papst Benedikt abgewählt", sagte mir jemand in dieser Nacht nach der Wahl. Das war zugespitzt formuliert, aber da war vielleicht auch etwas dran.

Der Zeremonienmeister des Vatikans, Guido Marini, war auf dem Petersbalkon, einen Schritt hinter Franziskus, durch sein nachgerade verstörtes Gesicht aufgefallen. Wie bald zu hören war, hatte der Monsignore dem Neuen mehrmals

die *Mozzetta*, den traditionellen päpstlichen Purpurumhang, aufzudrängen versucht. Da sei dem Papst der Kragen geplatzt, und er habe gesagt: „Ziehen Sie sich das doch selber an!" Die Geschichte klang wie erfunden, aber einige Kollegen, die Zeugen des Auftritts wurden, haben bestätigt, dass er sich genau so abgespielt habe.

Die Unterschiede zwischen Papst Franziskus und seinem Vorgänger fielen sofort ins Auge. Die alten Herren in der Sixtina hatten sich für radikal Neues entschieden. Papst Bergoglio war der erste nichteuropäische Papst seit exakt 1272 Jahren. Der bisher letzte Nichteuropäer auf dem Stuhl des römischen Bischofs war der Syrer Gregor III. gewesen, der von 731 bis 741 regierte, also noch vor Karl dem Großen. Und einen Papst aus der Neuen Welt hatte es bisher überhaupt noch nicht gegeben. „New World Pope", titelte deshalb das *Time*-Magazin: Papst aus der Neuen Welt, neuer Weltpapst.

Frau Kirchner lässt sich Zeit

In der Neuen Welt, in Argentinien, war es erst 15.00 Uhr nachmittags gewesen, als in Rom der weiße Rauch aufstieg: Siesta-Zeit. Präsidentin Cristina Kirchner hielt gerade eine Ansprache auf dem Messegelände am Stadtrand von Buenos Aires, als die Nachricht von Bergoglios Wahl die Runde zu machen begann. Kirchner, nicht gerade eine Freundin des Neugewählten, fuhr ungerührt in ihrer Rede fort; erst ganz am Schluss fand sie dann zu ein paar dürren Gratulationssätzen. Einige der Zuhörer quittierten das mit Pfiffen.

Auch das argentinische Parlament unterbrach seine laufende Debatte – eine Würdigung des verstorbenen venezolanischen Präsidenten Hugo Chávez – nicht, genausowenig wie das staatliche Fernsehen sein Programm. Gleichzeitig strömten aber immer mehr Menschen mit den blauweißen Fahnen Argentiniens auf die *Plaza de Mayo;* der Platz ist weltweit bekanntgeworden durch die Demonstrationen von Müttern, die auf das Schicksal ihrer während der Militärdiktatur verschwundenen Kinder aufmerksam machten. „Argentina, Argentina!" oder „Francisco, Francisco", riefen Sprechchöre. Autofahrer stimmten ein Hupkonzert an; der argentinische Fußballer Lionel Messi twitterte, er würde dem neuen Papst gern die Weltmeisterschaft 2014 widmen. Erst am Abend nach der Papstwahl veröffentlichte das Büro der Präsidentin dann sieben Telegrammzeilen, in denen Frau Kirchner dem früheren Erzbischof ihrer Hauptstadt, über dessen Predigten sie sich oft geärgert hatte, „Wertschätzung und Respekt" ausdrückte. Zuletzt war es vor drei Jahren zu einem verbalen Schlagabtausch zwischen der Präsidentin und dem heutigen Papst gekommen. Kardinal Bergoglio hatte die geplante Legalisierung der Adoption von Kindern durch gleichgeschlechtliche Paare kritisiert, was wiederum die Politikerin damals an, so wörtlich, „mittelalterliche Zeiten und die Inquisition" erinnert hatte.

Aus den *villas miserias,* den Favelas am Stadtrand von Buenos Aires, schickte niemand ein Glückwunschtelegramm nach Rom. Aber die Menschen in den Straßen voller Müll und Schutt waren tief angerührt, wie sie den Reportern sagten: „Bergoglio ist einer von uns, der war oft hier." Und sie deuteten auf die Garage, die den hier lebenden Einwanderern aus Paraguay als eine Art Pfarrkirche dient. „Erst hat er immer die Messe gefeiert, dann hat er mit uns geredet und Locro gegessen", ein Süppchen mit Mais und Fleischstücken. „Letztes Jahr am 10. November hatte mein Sohn Maxi Erstkommuni-

on", erzählte eine junge Frau in dem Pfarrbüro mit Wellblechdach: „Ich habe Maxi bekommen, als ich 15 war, Sie wissen ja, wie das ist ... Jedenfalls kam da dieser Mann im Anzug von der Bushaltestelle her, und erst als er sich umgezogen hat, habe ich ihn erkannt, es war Padre Jorge." Der Erzbischof war gekommen, um die Erstkommunionmesse zu feiern. Seine Besuche brachten etwas Abwechslung in diese Wildwuchsviertel, in denen sonst *paco* (ein Kokain-Verschnitt), Gewalt, Krankheiten und Armut den Ton angeben. „Bergoglio hat mich verteidigt, als er erfuhr, dass eine Drogenbande mich töten wollte", berichtete ein Padre Pepe. „Er hat bei einer Messe auf der Plaza de Mayo öffentlich von den Drohungen gesprochen, so dass die Medien auf die Sache aufmerksam wurden. Und dann kam er in die *Villa"* – das Armenviertel – „und ließ sich demonstrativ mit mir sehen. Das hat mir in diesem schwierigen Moment sehr geholfen."

Als Bergoglio Erzbischof geworden sei, habe es nur sechs *curas villeros* gegeben, also Priester, die in den Elendsvierteln mit den Armen lebten, sagte ein Padre Facundo in Sandalen, Jeans und Hemd mit Priesterkragen einem Journalisten. Jetzt seien sie 24. „Das liegt daran, dass er uns tatkräftig hilft", so Padre Facundo, der übrigens wie der neue Papst italienische Vorfahren hat. „Er ist oft auf die Straße gegangen, um mit uns zu arbeiten. Er hat auf der *Plaza de la Constitución* Messen für die Prostituierten gefeiert, die Aids-Kranken besucht, er hat Kontakte zu den Familien der Desaparecidos", also der unter der Militärdiktatur Verschwundenen. Immer wieder habe Bergoglio seinen Priestern eingeschärft: „Seid vor allem barmherzig!" Aber er habe auch klar gesagt: „Wir sind keine NGO. Alles, was wir tun, tun wir aus dem Glauben heraus." Ob denn nur „die Guten" in die Kirche kommen dürften, habe Kardinal Bergoglio einmal in einer Predigt gefragt.

„Nein", war die Antwort der Gläubigen. „Also gibt es hier auch Platz für die Schlechten?" – „Ja!" – „Hier wird also keiner rausgeschmissen, weil er schlecht ist? Im Gegenteil, man nimmt ihn umso lieber auf. Und warum? Weil Jesus uns das gelehrt hat."

„Wenn man in sein Büro kam, sah man manchmal Packungen mit Spaghetti bei ihm auf dem Schreibtisch", erzählte Padre Toto einem Korrespondenten. „Er hat sich oft in seinem Büro schnell etwas gekocht und gleich gegessen. Stellen Sie sich vor", fuhr er fort, „gestern Abend hat er eine Angestellte des Erzbischöflichen Ordinariats angerufen, um ihr zum Geburtstag zu gratulieren. Sie meinte: Ich weiß gar nicht, wie ich Sie jetzt ansprechen soll. Und er: Na, Padre Jorge natürlich!" Offensichtlich hatte Franziskus am Abend seiner Wahl nicht nur mit Benedikt XVI. telefoniert.

Einen Ort namens *Fin del mundo,* „Ende der Welt", gibt es übrigens wirklich in Argentinien: das von Italienern 1848 gegründete Ushuaia in der Südprovinz Feuerland, am Beagle-Kanal, angeblich die südlichste von Menschen bewohnte Stadt unseres Planeten. Von hier starten heutzutage Antarktis-Expeditionen.

Franziskus ist ein „Rabe"

„Voller Erwartung und Sympathie" schrieb der deutsche Bundespräsident Joachim Gauck, ein früherer evangelischer Pfarrer, dem Papst. „Sie haben den Namen Franziskus gewählt, eines Heiligen, dessen Zuneigung zu den Menschen und zur Schöpfung die Gläubigen aller Konfessionen bis heute bewegt und anrührt. Franziskus ist insbesondere für seine Hinwendung zu den Armen und Schwachen Vorbild für viele." Von UN-Generalsekretär Ban Ki-moon kam Glückwunschpost nach Rom, von US-Präsident Barack Obama, dem russischen Präsidenten Wladimir Putin, der Brüsseler EU und vielen anderen. Selbst das chinesische Außenministerium reagierte, wenn auch gewohnt kühl: Peking gratuliere Franziskus und hoffe, der Papst werde mit der chinesischen Führung zusammenarbeiten, um die beiderseitigen Beziehungen (keine diplomatischen, denn die waren vor Jahrzehnten abgebrochen worden) zu verbessern, sagte ein Sprecher. Allerdings bleibe dafür eine Voraussetzung, dass der Vatikan seine diplomatische Anerkennung Taiwans zurückziehe.

Spontane Szenen auf den Straßen der Bischofsstadt des Papstes.

Ähnlich mit Bedingungen behaftet klang die Gratulation aus der Kairoer al-Azhar-Moschee, die eine der wichtigsten Autoritäten im sunnitischen Islam darstellt. Sollte „eine neue Orientierung des Papstes erkennbar werden, dann werden wir den Dialog mit dem Vatikan wieder aufnehmen", ließ ein Sprecher des Großimams wissen. Die islamische Uni hatte den Dialog mit dem Heiligen Stuhl Anfang 2011 auf Eis gelegt, nachdem Benedikt XVI. so unvorsichtig gewesen war, sich in einer Ansprache vor Diplomaten für Religionsfreiheit auch in der islamischen Welt einzusetzen. Nur einen Monat nach der verärgerten Reaktion von al-Azhar brach die ägyptische Revolution aus, die Präsident Hosni Mubarak wegfegte – aber an der Haltung von al-Azhar änderte das nichts.

„Weit über die katholische Christenheit hinaus erwarten viele von ihm Orientierung, nicht nur in Glaubensfragen, sondern auch, wenn es um Frieden, Gerechtigkeit, die Bewahrung der Schöpfung geht."
Bundeskanzlerin Angela Merkel

Der israelische Präsident Shimon Peres drückte in einer Botschaft seine Hoffnung auf eine gute Zusammenarbeit mit Franziskus aus. Der Papst folge auf einen Pontifex – gemeint war Benedikt XVI. –, „unter dem sich unsere Beziehungen sehr weiterentwickelt haben". Diese Beziehungen seien jetzt „an ihrem besten Punkt". Und das würde sich auch nicht mehr ins Negative kehren, glaubte Rabbiner David Rosen vom Israelischen Großrabbinat: All jene, die vorausgesagt hätten, Papst Benedikt XVI. sei der letzte Papst, der die Zeit der Shoah erlebt habe, hätten sich geirrt. In Buenos Aires erklärte der Rektor des Rabbinerseminars, der neue Papst sei sein Freund, sie kennten sich seit den 1990er-Jahren, sie hatten 2010 auch ein gemeinsames Gesprächsbuch herausgegeben. „Er hat unsere Synagoge in der Calle Vidal zweimal besucht; ich habe noch seine handgeschriebenen Reden aufge-

hoben", so Abraham Skorka. Oft habe er mit Bergoglio gesprochen: „Wir haben immer offen ausgesprochen, was wir dachten, ohne falsche Rücksicht. Er behandelte uns wirklich wie große Brüder im Glauben; ich bin sicher, er steckt dahinter, dass mir die Katholische Universität von Buenos Aires den Ehrendoktor verliehen hat." Bergoglio war als Erzbischof automatisch Großkanzler dieser Hochschule.

Nur über ein Thema konnten sich Bischof und Rabbiner nicht einigen: den Fußball. Skorka zitterte mit *River Plate*, Bergoglio war *cuervo*, also Rabe – so nennen sich die Anhänger des Vereins *San Lorenzo*. Im Vatikan denkt man allerdings bei dem Wort an etwas anderes, denn Rabe, *corvo*, wurde während des Vatileaks-Skandals im Jahr 2012 der lange Zeit Unbekannte genannt, der Dokumente und Briefe vom Schreibtisch Papst Benedikts XVI. und einiger Mitarbeiter heimlich kopiert und dann an einen Journalisten weitergegeben hatte.

Das war nur einer von mehreren Skandalen und Krisen gewesen, die den Vatikan während des letzten Pontifikats erschüttert hatten. Und mit denen es jetzt hoffentlich vorbei war, wie der Wiener Kardinal Christoph Schönborn auf seiner ersten Pressekonferenz nach der Papstwahl unumwunden erklärte. Er habe einige Sätze, die er vor dem Konklave zu ein paar Mitkardinälen gesagt habe, am nächsten Tag wortwörtlich in den Zeitungen wiedergefunden, empörte sich Schönborn: „Es ist unfassbar, wie das funktioniert. Ganz persönliche, vertrauliche Gespräche im Kardinalskollegium werden von irgendwelchen corvi, also Raben, weitergegeben. Da gibt es echten, massiven Reform-

Keine Sonderbehandlung: Der Papst kehrt mit den Kardinälen per Minibus ins Gästehaus zurück.

bedarf! ... Das sind Zustände, die einfach nicht gehen! Da ist ein Aufräumen dringend erforderlich!"

Selbst der Erzbischof von São Paulo, Odilo Scherer, der vor dem Konklave als Wunschkandidat der römischen Kurie gegolten hatte, stimmte dem in der anbrechenden Ära Franziskus auf einmal zu. „Es ist ja auch in der Kurie gewünscht, dass sich vieles ändert", sagte mir der deutschstämmige Kardinal, als ich ihn in den Tagen nach der Wahl zufällig im Radio-Vatikan-Gebäude auf dem Flur traf. Er hoffe auf „neue Ausdrucksformen der Kollegialität in der Kirche" – und zwar schon „in den nächsten Monaten".

„Die Italiener umarmen den neuen Papst, den sie mit Freude und voller Hoffnung und Vertrauen begrüßen."
Ministerpräsident Mario Monti

In vielerlei Hinsicht der Erste

Franziskus nennt sich nicht „der Erste", aber er ist es in vielerlei Hinsicht. Der erste Papst, der sich nach dem Volksheiligen Franziskus benennt, der (seit Jahrhunderten) erste nichteuropäische Papst, der erste aus der Neuen Welt, der erste Jesuit auf dem Stuhl Petri, der erste, der sein Volk darum bit-

tet, für ihn zu beten, der erste, der beim Auftakt als Papst ein Gebet für seinen Vorgänger formuliert. Hier zog also, folgerte *L'Avvenire*, die Tageszeitung der Italienischen Bischofskonferenz, etwas grundstürzend Neues herauf. „Die Wahl ist ein Ereignis, das für die Fähigkeit der Kirche zur Erneuerung spricht", meinte auch der *Corriere della Sera*. „Die Kirche geht über den Atlantik"; dieser „Auszug des Papsttums aus Europa" sei in geopolitischer Hinsicht ebenso epochal wie die Wahl des Polen Karol Wojtyla 1978 zum ersten nichtitalienischen Papst seit Jahrhunderten. „Damals bestand der Einsatz in der Ost-West-Konfrontation in ihrer Spätphase; diesmal geht es um die ganze Welt." Die *New York Times* spürte förmlich, wie sich „die Gravitationsachse der römisch-katholischen Kirche von Europa mit einem Schwung nach Lateinamerika verlagert".

„Das neue Oberhaupt der Kirche ist ein ganz normaler Mensch", schrieb *La Nación* aus Buenos Aires. Franziskus sei „einfach, den Armen nahe und fest in seinen Überzeugungen". Die „Probleme, die der Vatikan und der Katholizismus haben", seien ihm durchaus bewusst.

Der neue Papst habe sich den Namen eines Heiligen ge- wählt, „der einen Wandel in der Kir- che vorwegnimmt", so die Zeitung.

„Dass ein Mitglied des angesehens- ten, elitärsten und umstrittensten Männerordens der Kirche den Gründer der ‚Minderbrü-

Ein emotionaler Moment für Gläubige auf der ganzen Welt – hier in der St. Patrick's Cathedral in New York.

der' ... zum Vorbild nimmt, zeugt von einem fast tollkühn zu nennenden Selbstbewusstsein", stand in der *Frankfurter Allgemeinen Zeitung*. „Auch die optischen und akustischen Reize, die von den ersten Auftritten des neuen Papstes ausgehen, sind dazu angetan, die hochfliegendsten Erwartungen an Stil und Inhalt des neuen Pontifikats zu wecken." „15 Jahre hat Bergoglio die Erzdiözese der lateinameri- kanischen Mega-Metropole Buenos Aires geführt", urteilte die *Stuttgarter Zeitung*. „Einem solchen Mann ist nichts Menschliches fremd." Franziskus sei, überlegte hingegen die *Rhein-Neckar-Zeitung*, „aus römischer Kurien- sicht etwas zu liberal, aus kirchenreformato- rischer Sicht etwas zu alt". Aber trotzdem sei das eine „mutige Wahl": „Einer, der die Armut ebenso bekämpft wie die Korruption, der sich mit der argentinischen Herr-

schaftsdynastie von Néstor und Cristina Kirchner anlegte, einer, der Limousine und Chauffeur gegen die U-Bahn von Buenos Aires eintauschte. Mit so einem hatte schlicht niemand ernstlich gerechnet."

Der neue Primas der angli- kanischen Kirche, Erzbischof Justin Welby, sprach in sei- nem Glückwunsch an Franziskus von einer besonderen Beziehung seiner Kirche zur katho- lischen Gemein- schaft: Er hoffe, den neuen Papst bald zu treffen. Die rus- sisch-orthodoxe Kirche lobte, dass Jorge Mario Bergoglio als Erzbischof von Buenos Aires konser- vative Ansichten vertreten habe; darauf lasse sich doch aufbauen, um gemeinsam „das Christentum in der heutigen säkularen Welt zu verteidigen".

Doch gerade über die konservativen Ideen von Franziskus, die Moskau lobte, freuten sich einige Vertreter der evangelischen Kirche in Deutschland nicht sonderlich. Er erwarte sich zwar vom neu- en Papst „viel zu drängenden gesellschaftlichen Fragen mit weltweiter Dimension" wie Armut, Ungerechtigkeit und Umweltbedrohung, räsonnierte der evange- lische Kirchenpräsident von Hessen und Nassau, Volker Jung. Er sei „skep- tisch gespannt", wie Franziskus auf die evange- lische Kirche zugehen werde – und ob er „diese

„Das ist ein programmatisches Signal für eine Kirche, die den Armen nahe ist."

Alois Glück
Präsident des Zentralkomitees der deutschen Katholiken

Am nächsten Tag überschlagen sich die Zeitungen: hier in
Mexico City.

zu unterscheiden weiß von den charismatisch-
evangelikalen Bewegungen in Lateinamerika".

Der Generalobere des Jesuitenordens, Pater
Adolfo Nicolás, unterstrich, dass der Orden sich
in besonderer Weise dem Gehorsam und dem
Dienst an der Kirche verschrieben habe, und zwar
in enger Gemeinschaft mit dem Papst. Der Orden
mache sich also bereit, in enger Zusammenarbeit
mit dem Papst auch weiterhin im „Weinberg des
Herrn" zu arbeiten. Das sollte heißen: Wir gehorchen dem Papst – auch wenn er ein Jesuit ist.

Eine Frau in Hyderabad, Indien: nicht in Rom dabei,
dem Papst aber trotzdem nahe.

Abschied: Die letzte
Fahrt im Papamobil
bei der Generalaudienz
am 27. Februar 2013.

Ein Papst tritt zurück

Nach dem Konklave 2005 sickerte durch, dass der argentinische Kardinal Jorge Mario Bergoglio die zweitmeisten Stimmen gehabt habe. Durch seinen Verzicht auf die Kandidatur habe er den Weg freigemacht für die notwendige Zweidrittelmehrheit für Kardinal Joseph Ratzinger, der dann Papst Benedikt XVI. wurde. Knapp acht Jahre später ist es umgekehrt Benedikt XVI., der durch seinen Verzicht auf das Petrusamt den Weg freimacht für Kardinal Bergoglio — jetzt Papst Franziskus.

„Ein Erdbeben":
Benedikt XVI. tritt zurück

11. Februar 2013: Im Kreis der Kardinäle kündigt
Benedikt XVI. zum 28. Februar seinen Amtsverzicht an.

Ein Schock. Ein Erdbeben. Als Papst Benedikt XVI. am 11. Februar 2013 seinen Rücktritt
ankündigte, kam das – eine Formulierung von
Angelo Sodano, dem Dekan des Kardinalskollegiums – „wie ein Blitz aus heiterem Himmel".
Niemand hatte damit gerechnet, kaum einer in
seiner unmittelbaren Umgebung war von dem
85-Jährigen vorab eingeweiht worden. Wie um
das Wort Sodanos zu illustrieren, schlug wenige
Stunden nach dem mitgeteilten Amtsverzicht,
als ein Gewitter über Rom niederging, tatsächlich ein Blitz in die Kuppel des Petersdoms ein.

Der 11. Februar war Feiertag im Vatikan. Viele
Büros waren geschlossen in der Città del Vaticano,
viele Flure verwaist. Die Kardinäle, die sich in Rom
aufhielten, kamen an diesem Montagvormittag in
einem Saal des Apostolischen Palastes zu einem
Treffen zusammen, einem vom Papst einberufenen

Konsistorium; es ging darum, einige bevorstehende Heiligsprechungen zu beschließen. Da wurde
gebetet, auf Lateinisch gesungen, die Namen und
Biografien der Heiligenkandidaten verlesen, alles
wie üblich. Gegen Ende des Treffens, nach genau
33 Minuten, ergriff der Papst überraschend noch
einmal das Wort: Er habe seine „lieben Mitbrüder"
auch deswegen zu sich bestellt, um ihnen „eine
Entscheidung von großer Wichtigkeit für das Leben
der Kirche mitzuteilen", las er auf Latein vor. Er
sei nach intensiver Selbstprüfung „zur Gewissheit
gelangt, dass meine Kräfte infolge des vorgerückten Alters nicht mehr geeignet sind, um in angemessener Weise den Petrusdienst auszuüben".

Wie immer bei Papst-Auftritten zeichnete
ein kleines Kamerateam des Vatikanischen Fernsehzentrums CTV das Geschehen auf. Die Bilder,

die kurz darauf um die Welt gingen, zeigen erst fragende, dann zunehmend bestürzte Gesichter rund um den Papst, während Benedikt scheinbar gleichmütig weiterredet. „Ich bin mir sehr bewusst, dass dieser Dienst wegen seines geistlichen Wesens nicht nur durch Taten und Worte ausgeübt werden darf, sondern nicht weniger durch Leiden und durch Gebet." Das war ein Satz, den er seinem Vorgänger schuldete: Johannes Paul II. Der Papst aus Polen hatte trotz seines körperlichen Verfalls nicht vom Amt gelassen bis zu seinem Tod kurz nach Ostern 2005. „Aber die Welt, die sich so schnell verändert, wird heute durch Fragen, die für das Leben des Glaubens von großer Bedeutung sind, hin- und hergeworfen." Um auf solch bewegten Wassern das Steuer im „Schifflein Petri" zu führen, brauche es Kraft, „eine Kraft, die in den vergangenen Monaten in mir derart abgenommen hat, dass ich mein

Unvermögen erkennen muss, den mir anvertrauten Dienst weiter gut auszuführen". Darum also „mit voller Freiheit", aber etwas fehlerhaftem Latein, sein angekündigter Rücktritt, der erste überhaupt bei einem Pontifex Maximus seit fast 600 Jahren: Ab dem 28. Februar um 20.00 Uhr werde „der Stuhl des heiligen Petrus" wieder „vakant sein".

„Zunächst waren wir alle völlig perplex und erstaunt", sagte Walter Kasper, früherer Ökumene-Verantwortlicher des Vatikans und einer der anwesenden Kardinäle, kurz darauf in einem Interview: „Es ist ein Schweigen ausgebrochen, wir wussten zunächst nichts zu sagen." Eine „Stimmung wie nach einem Erdbeben": „Wenn man eine Person so lange kennt,

Nach dem Konsistorium am 11. Februar 2013: Benedikt XVI. hat seinen Rücktritt angekündigt und verlässt die Versammlung. Den Kardinälen geht der Gesprächsstoff nicht aus.

geht das einem, wie man so sagt, unter die Haut."
Im Audio-Mitschnitt von Radio Vatikan hört man die
Kardinäle nach einem Moment des Schocks aufge-
regt durcheinanderreden. Kasper kannte Benedikt
seit genau 50 Jahren, er hatte teilweise an denselben
Universitäten unterrichtet und war sein Kardinals-
kollege in Rom gewesen, und mehr als einmal hatten
sie auch einen theologischen Strauß ausgefochten
– jetzt aber dachte er unwillkürlich an ein Abendessen mit dem Papst vor ein paar Tagen erst zurück:
„Das war sehr freundschaftlich, sehr persönlich ...
Natürlich habe ich gesehen, dass er physisch sehr
abnimmt, dass er sehr schmal und zerbrechlich geworden ist." Aber Rücktritt? Undenkbar, eigentlich.

Wir sind Papst? Wir sind Mensch

Eigentlich. Aber dann auch wieder nicht, wenn
man es recht bedachte. Denn an kleinen Vorzeichen
für das Beben hatte es durchaus nicht gefehlt: Diese
Passage in einem Interviewbuch von 2010 etwa.
Da hatte Benedikt deutlich ausgesprochen, dass
ein Papst durchaus zurücktreten könne, ja unter
Umständen sogar müsse, wenn es ihm nicht mehr
möglich sei, sein Amt angemessen auszuüben.
Dann seine Besuche am Grab und bei den Reliqui-
en des Mönchspapstes Coelestin V., der Ende des
13. Jahrhunderts ebenfalls freiwillig zurückgetreten
war. Bei einer Reise in die eben von einem Erdbeben hart getroffene Abruzzen-Stadt L'Aquila im
Frühjahr 2009 hatte Benedikt sein Bischofspallium
auf den Glassarg Coelestins gelegt. Und schließlich
die vielen Predigten und Ansprachen, in denen er
immer wieder auf den Gedanken zurückgekom-
men war, die Kirche werde von Christus selbst geleitet, während er selbst, der Papst, doch nur „ein
einfacher Arbeiter im Weinberg des Herrn" sei.

Arbeiter im Weinberg. Mit dieser Formulierung hatte Benedikt knapp acht Jahre zuvor im
April 2005 das Amt übernommen, und immer
wieder hatte er dieses Motiv seitdem variiert: Er, der
unnütze Knecht, dem das Bad in der Menge oder
große Pastoralreisen nicht lagen; dem es sichtlich
unangenehm war, wenn während eines Gottesdiens-
tes geklatscht oder übermäßig fotografiert wurde;
der sein Amt mit einer unaufgeregten Geschäfts-
mäßigkeit versah, welche sich vom Talent seines
Vorgängers zur großen Geste deutlich unterschied.
Doch, ein Rücktritt des Papstes, dieses Papstes, war
immer schon im Bereich des Vorstellbaren gewesen
– zumindest für ihn selbst. Schon zu Beginn seines
Pontifikats hatte er in seinem Wappen die päpstliche Tiara durch die bischöfliche Mitra ersetzt. Ein
Bischof kann zurücktreten. Zu dem Zeitpunkt stand
er gewiss noch (oder schon) ganz unter dem Eindruck des langen Siechtums von Johannes Paul II.

Ich musste in diesen Tagen nach dem 11. Februar 2013 immer wieder an ein Gespräch vom
vorangegangenen Herbst zurückdenken. Da hatte
ich eher beiläufig erfahren, dass Benedikt XVI.
sein römisches Appartement aus Kardinalszei-
ten auch als Papst nicht aufgegeben habe; erst in
diesem Moment trat er es an Erzbischof Gerhard
Ludwig Müller ab, den er an die Kurie berufen
hatte. „Nun kann er also nicht mehr zurücktreten",
sagte mein Gesprächspartner dazu, eine Bemer-
kung, die mich aufhorchen ließ. Ja, war das denn
möglich? Hatte der Nachfolger des heiligen Petrus
tatsächlich vorgehabt, irgendwann einmal – und
das könnte ja wohl nur nach einer Abdankung
sein – in seine alte Wohnung in Rom zurückzu-
ziehen? Nach einiger Verblüffung kam ich zu dem
Schluss: Doch. Diesem Papst war das zuzutrauen.

Und jetzt war es also tatsächlich so weit. „Wir
sind Papst", hatte die *Bild-Zeitung* am Tag nach der
Wahl Joseph Ratzingers getitelt. „Wir sind Mensch",

spann sie am Tag nach dem angekündigten Rücktritt, wenn auch in viel kleinerer Schrift, den Faden weiter.

Es war, so viel wurde an den Reaktionen in aller Welt auf Benedikts Rückzug gleich klar, eine kopernikanische Wende im Papsttum der Neuzeit. Hier zog sich nicht einfach nur ein alter Mann zurück, weil ihm die Kräfte schwanden: Stattdessen änderte ein Papst radikal die Art und Weise, in der ein römischer Bischof sein Amt ausüben kann. *Ex negativo* bestätigten das sogar die, die offen bestürzt waren, denen Benedikts Entscheidung wie ein kirchlicher 11. September vorkam, die den Rücktritt als Zeichen einer schweren Krise deuteten. Eine „Geste des Unvermögens", sagte der Benediktiner-Theologe Elmar Salmann. Man könne nur hoffen, dass sie sich im Rückblick einmal „als souveräne Tat" erweisen werde: wenn nämlich der Petrusdienst „wieder lebbarer" geworden sei.

Der frühere anglikanische Primas, Rowan Williams, konnte sich vorstellen, wie es dem Papst ging. Er selbst hatte Ende 2012 vorzeitig den Hirtenstab des Erzbischofs von Canterbury niedergelegt. Als er die Nachricht aus Rom bekam, schrieb er Benedikt, den er sehr schätzte, einen privaten Brief. Williams sah als einer der Ersten aber auch, welch spannende Perspektive ein neues Verständnis des Papstamtes für die Ökumene in Zukunft bedeuten könnte: Der Papst zeige, dass er „nicht eine Art Gottkönig ist, der bis zum Schluss weitermacht", meinte der Anglikaner zu Radio Vatikan. „Ja, ich nenne das ein Entmythologisieren des Amtes. Es erinnert uns

Ein Blitz trifft den Petersdom am 11. Februar 2013, genau an dem Tag, an dem Papst Benedikt XVI. seinen Rücktritt angekündigt hat.

daran, dass der Primat des Bischofs von Rom der eines Dieners an der kirchlichen Einheit ist. Er ist der Bischof, der zusammenführt, der vermittelt, der für die Gemeinschaft der Bischöfe sorgt. Dieses etwas mehr funktionale, etwas weniger theologisch aufgeladene Bild mag eines der Dinge sein, die sich aus dem Rücktritt des Papstes ergeben."

Der Papst und das „verunstaltete Gesicht der Kirche"

Gewiss wird Benedikt XVI. mit seinem Rücktritt in die Kirchengeschichte eingehen. Die fast acht Jahre seines Pontifikates nehmen sich dagegen nicht ganz so spektakulär aus. Erst recht, wenn man sie mit dem Vierteljahrhundert (1978–2005) Johannes Pauls II. vergleicht. Der „Professor Papst" aus Bayern, der sich nie gewünscht hatte, dem polnischen Giganten im Amt nachzufolgen, war sich seiner Grenzen bewusst. Aber als ihn das „Fallbeil" der Papstwahl traf, urteilte er gleichmütig, neben den großen müsse es eben auch „kleine Päpste geben, die das Ihre geben". Als so ein kleiner, arbeitsamer Papst sah sich Joseph Ratzinger selbst.

Das Unglück wollte es, dass es gerade in seinem Pontifikat zu vielen Krisen und dramatischen Momenten kam. Von Übelwollenden wurden die acht Jahre Benedikt geradezu als Pannenserie wahrgenommen: Von einer Regensburger Rede, mit der er 2006 ohne Not die muslimische Welt vor den Kopf gestoßen habe, über die Rehabilitierung des

traditionalistischen Bischofs und Holocaust-Leugners Richard Williamson bis hin zu Ungeschicklichkeiten im Umgang mit kirchlichen Missbrauchsskandalen. Nicht zu vergessen der Vatileaks-Skandal von 2012 um nach außen getragene vertrauliche Papiere. Die Affäre, an der Benedikts XVI. Kammerdiener – einer der engsten Mitarbeiter – beteiligt war, kostete den Papst augenscheinlich viel Kraft.

So sehr Medien und öffentliche Meinung dem Papst dabei im Einzelnen auch Unrecht taten, so sehr wurden doch immer wieder schwere Fehler in der internen und externen Kommunikation des Heiligen Stuhls deutlich. Fehler, die Benedikt XVI. auch ohne Umschweife einräumte. Gleichzeitig erschien die Kirchenspitze im Laufe dieser Krisen – nicht immer ganz zu Unrecht – wie ein Haufen sich befehdender Interessengruppen. Noch in seiner letzten großen Messe im Petersdom (passenderweise an einem Aschermittwoch und in Anwesenheit der hoher Kurienmitglieder) beklagte der scheidende Papst, wie „das Gesicht der Kirche bisweilen verunstaltet" werde. „Ich denke besonders an die Vergehen gegen die Einheit der Kirche, an die Spaltungen im Leib der Kirche." Er mahnte dazu, „in einer intensiveren und sichtbareren Gemeinschaft mit der Kirche zu leben, indem man Individualismen und Rivalitäten überwindet". Jesus habe „die religiöse Scheinheiligkeit" angeprangert, „das Verhalten, sich in Szene zu setzen. ... Der wahre Jünger dient nicht sich selbst oder der ‚Öffentlichkeit', sondern dem Herrn ..."

„Es ist also eine Situation vorstellbar, in der Sie einen Rücktritt des Papstes für angebracht halten?"
„Ja. Wenn ein Papst zur klaren Erkenntnis kommt, dass er physisch, psychisch und geistig den Auftrag seines Amtes nicht mehr bewältigen kann, dann hat er ein Recht und unter Umständen auch eine Pflicht, zurückzutreten."
Aus: Licht der Welt. Ein Gespräch mit Peter Seewald

Benedikt XVI. verlässt die
Audienzhalle nach einem
Treffen mit römischen Pries-
tern am 14. Februar 2013.

Viele Fragen zum Rücktritt auch für Vatikansprecher Pater Federico Lombardi.

Aus dem Blick geriet nicht nur, dass er sich in zäher Kleinarbeit konkreten Verbesserungen und Reformen an der Römischen Kurie verschrieb. Dass er für Transparenz bei Abläufen sorgte, gegen den Geldwäsche-Verdacht bei der Vatikanbank IOR vorging, besondere Sorgfalt bei der Ernennung fähiger Bischöfe walten ließ. Dass er ohne Federlesens unfähige Bischöfe zum Rücktritt aufforderte wie kein anderer Papst vor ihm (der Vatikanbeobachter Marco Tosatti hat 80 Fälle gezählt). Nahezu unhörbar wurde angesichts des öffentlichen Getöses vor allem die Botschaft dieses Papstes. Eine leise Botschaft. Man musste genau hinhören, sich darauf einlassen, dann lernte man etwas über die Freude am Glauben. Und über die Sehnsucht nach Gott.

„Wir haben der Liebe geglaubt"

„Die Kirche lebt, und die Kirche ist jung", sagte Benedikt, der schon bei seiner Amtsübernahme einer der Ältesten in der bisherigen Päpsteliste war. „Glaube ist einfach." „Es ist schön, Christ zu sein." „Wer Hoffnung hat, kann anders leben." „Wer glaubt, ist nie allein." „Wo Gott ist, da ist Zukunft." „Der Anker des Herzens reicht bis zu Gottes Thron." „Wenn du den Frieden willst, bewahre die Schöpfung." Der scharfe Denker Ratzinger – einstmals von vielen gefürchteter Glaubenshüter des Vatikans – fand, wenn er wollte, zu einprägsamen Formeln, um das Wesentliche am Glauben auf den Punkt zu bringen.

Kein Zweifel, Benedikt war kein herausragender Verwalter. Und doch: Wer diese Jahre in seiner Nähe in Rom erlebt hat, der wunderte sich über so viel Ablehnung, die diesem Petrusnachfolger entgegenschlug – auch aus seiner deutschen Heimat.

Er schien sich dagegen nicht wehren zu wollen: „Tapferkeit besteht nicht im Dreinschlagen, in der Aggressivität, sondern im Sich-schlagen-Lassen und im Standhalten gegenüber den Maßstäben der herrschenden Meinungen", sinnierte er Anfang Januar 2013 bei einer Predigt in Sankt Peter. „Die Zustimmung der herrschenden Meinungen ist nicht der Maßstab, dem wir uns unterwerfen. Der Maßstab ist ER selbst: der Herr. Wenn wir für ihn eintreten, werden wir gottlob immer wieder Menschen für den Weg des Evangeliums gewinnen. Aber unweigerlich werden wir auch von denen, die mit ihrem Leben dem Evangelium entgegenstehen, verprügelt."

Davon zeugte vor allem seine erste Enzyklika *Deus Caritas est* von 2005. „Wir haben der Liebe geglaubt: So kann der Christ den Grundentscheid seines Lebens ausdrücken", schrieb der Papst. „Am Anfang des Christseins steht nicht ein ethischer Entschluss oder eine große Idee, sondern die Begegnung mit einem Ereignis, mit einer Person, die unserem Leben einen neuen Horizont und damit

Coelestin V.

1294 war kein einfaches Jahr für die Kirche. Seit zwei Jahren schon war der Stuhl des Papstes vakant, und die elf wahlberechtigten Kardinäle konnten sich im Konklave (so etwas gab es erst seit 20 Jahren) in Perugia nicht auf einen neuen Bischof von Rom einigen. Mächtige römische Familien, die Colonna und die Orsini, waren untereinander zerstritten, und Karl II. von Anjou übte politischen Druck aus. In dieser Lage verfielen die Wähler „wie von Gott beseelt" auf den Mönch Pietro del Morrone, der im Ruf der Heiligkeit stand; dabei leitete sie auch die Hoffnung, der Neugewählte werde nicht allzu lange regieren und in der Zwischenzeit könnten die streitenden Mächte sich neu formieren.

An den Eremiten in der strengen Bergwelt der Abruzzen ging also ein Brief ab, der ihn von seiner Wahl zum obersten Hirten informierte. Pietro spürte zwar seine Unzulänglichkeit und fürchtete, von den Ränkespielen an der Kurie aufgerieben zu werden, doch glaubte er, die Wahl aus Gründen des Gehorsams annehmen zu müssen. Auf einem Esel ritt er zur Krönung in L'Aquila ein. Das stieß zwar auf den

Coelestin V., Papst von Juli bis Dezember 1294, war bisher der Einzige, der vom Petrusamt zurücktrat. Schon 1313 wurde er heiliggesprochen. Am 29. April 2009 legte Benedikt XVI. sein päpstliches Pallium auf Coelestins Grabschrein in L'Aquila nieder.

indignierten Protest der Kardinäle, doch das Kirchenvolk bewunderte die Einfachheit des neuen Papstes.

Aus Pietro del Morrone wurde am 29. August 1294 Coelestin V. Doch gleich nach seiner Krönung geriet der neue Pontifex Maximus in die Mühlen unterschiedlicher Interessen. Karl II. ließ ihn von L'Aquila nach Neapel bringen aus dem Kalkül heraus, dass bei einem Tod des Papstes das Konklave dann in der Stadt am Vesuv stattfinden musste. Das hätte dem König großen Einfluss auf die Papstwahl gesichert. Karl benutzte Coelestin auch dazu, um Männer seines Vertrauens an der Kurie zu platzieren. Mit den Kardinälen und Kurienmitarbeitern ging es dem neuen Papst nicht besser; sie trieben unter den Augen des Papstes ihre Ränke und profitierten von seiner Gutmütigkeit. Noch vor Jahresende gab Coelestin deswegen auf – ob wirklich ganz freiwillig, ist den Quellen nicht bis ins Letzte zu entnehmen. Am 13. Dezember verlas er vor den Kardinälen seine Abdankungs-Erklärung. Sein Nachfolger Bonifaz VIII. ließ ihn in Arrest nehmen; so starb der zurückgetretene Papst im Mai 1296 im Castel Fumone. Sein Pontifikat hatte gerade einmal fünf Monate und neun Tage gedauert.

Erklärung

Liebe Mitbrüder!

Ich habe euch zu diesem Konsistorium nicht nur wegen drei Heiligsprechungen zusammengerufen, sondern auch, um euch eine Entscheidung von großer Wichtigkeit für das Leben der Kirche mitzuteilen. Nachdem ich wiederholt mein Gewissen vor Gott geprüft habe, bin ich zur Gewissheit gelangt, dass meine Kräfte infolge des vorgerückten Alters nicht mehr geeignet sind, um in angemessener Weise den Petrusdienst auszuüben. Ich bin mir sehr bewusst, dass dieser Dienst wegen seines geistlichen Wesens nicht nur durch Taten und Worte ausgeübt werden darf, sondern nicht weniger durch Leiden und durch Gebet. Aber die Welt, die sich so schnell verändert, wird heute durch Fragen, die für das Leben des Glaubens von großer Bedeutung sind, hin- und hergeworfen. Um trotzdem das Schifflein Petri zu steuern und das Evangelium zu verkünden, ist sowohl die Kraft des Körpers als auch die Kraft des Geistes notwendig, eine Kraft, die in den vergangenen Monaten in mir derart abgenommen hat, dass ich mein Unvermögen erkennen muss, den mir anvertrauten Dienst weiter gut auszuführen. Im Bewusstsein des Ernstes dieses Aktes erkläre ich daher mit voller Freiheit, auf das Amt des Bischofs von Rom, des Nachfolgers Petri, das mir durch die Hand der Kardinäle am 19. April 2005 anvertraut wurde, zu verzichten, so dass ab dem 28. Februar 2013, um 20.00 Uhr, der Bischofssitz von Rom, der Stuhl des heiligen Petrus, vakant sein wird und von denen, in deren Zuständigkeit es fällt, das Konklave zur Wahl des neuen Papstes zusammengerufen werden muss.

Liebe Mitbrüder, ich danke euch von ganzem Herzen für alle Liebe und Arbeit, womit ihr mit mir die Last meines Amtes getragen habt, und ich bitte euch um Verzeihung für alle meine Fehler. Nun wollen wir die Heilige Kirche der Sorge des höchsten Hirten, unseres Herrn Jesus Christus, anempfehlen. Und bitten wir seine heilige Mutter Maria, damit sie den Kardinälen bei der Wahl des neuen Papstes mit ihrer mütterlichen Güte beistehe. Was mich selbst betrifft, so möchte ich auch in Zukunft der Heiligen Kirche Gottes mit ganzem Herzen durch ein Leben im Gebet dienen.

Aus dem Vatikan, 10. Februar 2013

Benedictus PP XЏ

Die Ankündigung des Amtsverzichts, den in Rom versammelten Kardinälen in lateinischer Sprache vorgetragen am 11. Februar 2013 seine entscheidende Richtung gibt." Liebe sei das Zentrum des christlichen Glaubens und Lebens, die „Antwort auf das Geschenk des Geliebtseins, mit dem Gott uns entgegengeht". „Liebe wächst durch Liebe. Sie ist ‚göttlich', weil sie von Gott kommt und uns mit Gott eint ..." Der Theologe Wolfgang Beinert hält *Deus Caritas est* „für ein so großartiges Dokument der Kirche, dass die sich verändern müsste, wenn sie diese Enzyklika ernst nimmt".

Benedikt XVI.: ein Mann des Wortes, zweifellos. Ein Gelehrter in der Tradition der alten Kirchenväter. Er stand und stritt für die Vereinbarkeit des scheinbar Gegensätzlichen: Glaube und Vernunft. Hohe Theologie und kindliches Gottvertrauen. Schärfe und Sanftmut. Festhalten am Dogma und Gespräch mit Zweiflern und Nichtglaubenden. Kampf gegen „Relativismus" – und Rücktritt, der sein eigenes Amt gewissermaßen relativierte.

Er war ja selbst eine komplexe, teilweise wohl sogar widersprüchliche Persönlichkeit: Deutscher in Italien, über 30 Jahre lang Kurienmitarbeiter und doch bis zum Schluss ein Fremder in dieser Kurie. Ein Mann, der gleichzeitig dafür warb, dass die Christen wirklich *Salz der Erde* seien (so hieß ein Gesprächsbuch, das ihn als Kardinal auf die Bestsellerlisten gebracht hatte) und dass die Kirche sich „entweltlicht" – ein Begriff aus seiner berühmten Konzerthausrede in Freiburg 2011. Ein Mann, der auf kleinere, sozusagen gesund-

„Ich habe größte Bewunderung für die Geste des Papstes, für den Mut, die Geistesfreiheit und das große Bewusstsein für die Verantwortung seines Amtes."
Pater Federico Lombardi, Vatikan-Sprecher

geschrumpfte christliche Gemeinschaften setzte – und sich dennoch das von seinem Vorgänger geerbte Projekt einer neuen Evangelisierung in

Am Aschermittwoch empfängt der noch amtierende Papst Benedikt XVI. wie alle Gläubigen das Aschekreuz: „Gedenke, dass du Staub bist."

Gläubige aus aller Welt beim letzten Angelusgebet mit Benedikt XVI. auf dem Petersplatz.

Europa zu eigen machte. Es war, es ist nicht leicht, Joseph Ratzinger auf eine Formel zu bringen.

Er liebte die Liturgie und rehabilitierte die Form der Messfeier, die vor dem Zweiten Vatikanischen Konzil die gängige gewesen war. Und doch brachte er die Mängel der von vielen missverständlich so genannten „alten Messe" noch bei einem seiner letzten Auftritte als Papst klar auf den Punkt: Der „Reichtum und die Tiefe der Liturgie" seien da doch „im Römischen Messbuch des Priesters gleichsam verschlossen" gewesen, „während die Leute mit eigenen Gebetbüchern beteten", so dass daraus „fast zwei parallel laufende Liturgien" wurden. Erst die liturgische Bewegung habe in den Jahren vor dem Konzil wieder dazu geführt, „dass es wirklich ein Dialog zwischen Priester und Volk sein sollte, dass die Liturgie des Altares und die Liturgie des Volkes eigentlich eine einzige Liturgie sein sollte, eine aktive Teilnahme".

Dialog ohne Gastgeschenke

Benedikt hatte von Anfang an schärfer als Johannes Paul II. die Grenzen und Hindernisse für einen Dialog mit dem Islam gesehen; und seine

Regensburger Rede war, ob absichtlich oder nicht, eine deutliche Anfrage an Muslime nach dem 11. September, wie sie es denn mit der Gewaltlosigkeit hielten. Dennoch brachte gerade dieser Papst ein neues Gespräch mit islamischen Denkern in Gang, ein katholisch-muslimisches Forum. Mehr noch: Er bewegte Muslime weltweit, als er Ende 2006 in der Blauen Moschee in Istanbul für einen Augenblick im Gebet verharrte. Eine Premiere war, dass er den saudischen König Abdullah, den „Hüter der Heiligen Stätten von Mekka und Medina", in Privataudienz empfing. In der Folge ließ Abdullah 2012 in Wien ein Zentrum für interreligiösen Dialog einrichten. Hier wollen islamische Gelehrte auch über Religionsfreiheit mit sich reden lassen. Keine schlechte Bilanz also für Benedikts Konfron-

> „Im Namen aller Amerikaner möchten Michelle und ich Seiner Heiligkeit Papst Benedikt XVI. unsere Wertschätzung und Gebete übermitteln."
> *Barack Obama, Präsident der Vereinigten Staaten*

tation mit dem Islam. Er hat in den Dialog einen sehr ehrlichen Ton hineingebracht und die heiklen Punkte nicht umschifft. Das tat auf längere Sicht dem Religionsgespräch gut. In „lebensnahen Themen" gebe es zwischen Katholiken und Muslimen mittlerweile „rasch Einigkeit", sagt der Münsteraner Islamwissenschaftler Mouhanad Khorchide.

Und Benedikts Verhältnis zum Judentum? Das war seit der Debatte um die umstrittene „Karfreitagsfürbitte" für die Juden nur aus der Optik der Medien gestört. Dieser Papst setzte gegen Widerstände im eigenen Staatssekretariat für seine Polenreise 2006 auch einen Termin im früheren KZ Auschwitz durch: Er wusste um seine spezielle Verantwortung als Papst aus Deutschland. Benedikt sah in den Juden das weiterhin auserwählte, nie von Gott

Gläubige auf dem Petersdom begleiten am Abend des 28. Februar 2013 das Ende der Amtszeit von Papst Benedikt XVI. mit ihrem Gebet.

verworfene Volk. Er war mit Rabbinern befreundet, besuchte Synagogen in Köln, Rom oder New York. In Sachen Ökumene wiederum wurde er von vielen als unbeweglich eingestuft – und doch ist er in großen Schritten auf die orthodoxen Christen zugegangen, war mit dem Ökumenischen Patriarchen Bartholomaios I. befreundet, ließ diesen einmal vor Bischöfen in der Sixtinischen Kapelle predigen.

Aber da gab es ja noch die Protestanten und Reformierten – von denen sich manche wie die ehemalige Bischöfin Margot Käßmann von diesem Papst schlichtweg „nichts" erwarteten. Ratzinger hatte in seiner Zeit an der Spitze der Glaubenskongregation mit der Erklärung *Dominus Iesus* viele verprellt. Diese Erklärung sprach Protestanten das Kirchesein im katholischen Sinne ab (womit er zunächst einmal die evangelische Position bestätigte, haben die Protestanten doch tatsächlich ein

anderes Kirchenverständnis). Er wollte aber nur das Etikett „kirchliche Gemeinschaften" gelten lassen. Von Anfang an fremdelten die Kirchen der Reformation deshalb mit Benedikt, obwohl ausgerechnet er zweifellos der „evangelischste" Papst war, der je an der Spitze der katholischen Kirche stand. Sein ganzes Professoren-, Bischofs- und Papstleben berief er sich auf Augustinus, verwies er auf die Bibel als Maßstab des Glaubens und rief er immer wieder in Erinnerung, dass der Mensch in jeder Hinsicht ganz und gar von Gottes Liebe und Gnade abhängt. So war es wohl auch kein Zufall, dass unter seiner maßgeblichen Mitarbeit mit dem Lutherischen Weltbund die *Gemeinsame Erklärung zur Rechtfertigungslehre* erreicht wurde. Dass sie später von zahlreichen evangelischen Theologen abgelehnt wurde, muss Ratzinger tief getroffen haben. Manche sehen einen Zusammenhang zwischen der *Gemeinsamen Erklärung zur*

Rechtfertigungslehre von 1999 und *Dominus Iesus von 2000.*

2011 kam es zu einer symbolträchtigen Begegnung des Papstes mit evangelischen Christen auf den Spuren Luthers im Erfurter Augustinerkloster. Dort sprach der Papst aus Deutschland vielleicht allzu offen aus, dass er kein „ökumenisches Gastgeschenk" mitgebracht habe, und warnte vor Augenwischerei und Kalkülen. Das führte zu unzufriedenen Mienen bei seinen Gesprächspartnern. Dabei entging vielen allerdings, wie eindringlich Benedikt XVI. Martin Luther als Gottsucher gewürdigt hatte – und wie sehr er um die Christen der Reformation warb: Durch Rückbesinnung auf das Eigentliche sollten alle Christen ihren Glauben doch wieder zum Leuchten bringen in der Welt. Nähmen sie ihr Eigenes wieder ernst und bemühten sich um einen tiefen Glauben, dann brächte das automatisch auch die Ökumene voran, so Benedikt XVI. „Nicht Verdünnung des Glaubens hilft, sondern ihn ganz zu leben in unserem Heute. Dies ist eine zentrale ökumenische Aufgabe, in der wir uns gegenseitig helfen müssen: tiefer und lebendiger zu glauben. Nicht Taktiken retten uns, retten das Christentum, sondern neu gedachter und neu gelebter Glaube ..."

Ein Papst sucht nach Gott

Denn darum ging es diesem „Mitarbeiter der Wahrheit", wie sein Wahlspruch lautete, am allermeisten: Der Welt von heute den Gott „mit menschlichem Antlitz" zu verkünden. Nicht irgendein Gott war das, sondern ein Gott, der sich uns gezeigt und sich in Jesus mit uns gemein gemacht hat. „Das eigentliche Problem unserer geschichtlichen Stunde ist es, dass Gott aus dem Horizont der Menschen verschwindet und dass mit dem Erlöschen des von Gott kommenden Lichts Orientierungslosigkeit in die Menschheit hereinbricht. ... Die Menschen zu Gott, dem in der Bibel sprechenden Gott zu führen, ist die oberste und grundlegende Priorität der Kirche und des Petrusnachfolgers in dieser Zeit." Nicht eine Lockerung des Zölibats also, Frauenpriestertum, Interkommunion oder sexualethische Fragen sah Benedikt als die drängendsten Probleme der Zeit, sondern das Leiserwerden der Gottesfrage in den Gesellschaften des Westens.

Ein bisweilen rätselhafter Papst – und zugleich ganz biblisch ein „Zeichen des Widerspruchs". Es gehörte zu den Paradoxien von Papst Benedikt, dass er bei aller Glaubensstärke radikal wie kaum einer seiner Vorgänger auf der Suche blieb nach dem unbekannten Gott. Während ihn innerkirchlich und innerchristlich viele als konservativen Bremser empfanden, bemühte er sich um Kontakt zu Nichtglaubenden, zu Menschen auf der Suche. Eine Vatikan-Initiative mit dem etwas sperrigen Titel *Vorhof der Völker* suchte auf seine Anregung hin ab 2011 das Gespräch mit Intellektuellen und Künstlern. Zu einem Religions- und Kirchengipfel für den Frieden in Assisi lud Benedikt erstmals auch eine Delegation von Nichtglaubenden ein (die dann prompt in seinem Beisein einen neuen „Humanismus des 21. Jahrhunderts" ausrief).

Glaubende wie Nichtglaubende zogen zu Fuß in einer Prozession durch das mittelalterliche Städtchen des heiligen Franziskus. Nicht weit vom Papst marschierte die Pariser Feministin

> „Auch wenn ich mich jetzt zurückziehe, bin ich doch im Gebet euch allen immer nahe, und ich bin mir sicher, dass auch ihr mir nahe sein werdet, auch wenn ich für die Welt verborgen bleiben werde."
>
> *Benedikt XVI. am 14. Februar 2013*

und Psychoanalytikerin Julia Kristeva. Sie bewunderte an Benedikt „sein Vertrauen zum säkularisierten Humanismus", „seinen Glauben – im weiteren Sinn – an das säkularisierte Europa".

Auf irritierende Weise fühlte sich Joseph Ratzinger, immerhin Oberhaupt einer Religionsgemeinschaft, den Zweiflern und Suchenden wesensverwandt. Den „Ozean der Ungewissheit" hatte er schon in seiner Zeit als Tübinger Professor „als den allein möglichen Ort seines Glaubens" identifiziert; jeden noch so fest Glaubenden sah er „stets vom Absturz ins Nichts bedroht" und „vom Salzwasser des Zweifels gewürgt, das ihm der Ozean fortwährend in den Mund spült". Der Zweifel also als große Gemeinsamkeit zwischen Glaubenden und Nichtglaubenden, der für ein „Ineinandergeschobensein der menschlichen Schicksale" sorgt. „Mit einem Wort – es gibt keine Flucht aus dem Dilemma des Menschseins. Wer der Ungewissheit des Glaubens entfliehen will, wird die Ungewissheit des Unglaubens erfahren müssen, der seinerseits doch nie endgültig gewiss sagen kann, ob nicht doch der Glaube die Wahrheit sei."

Das sind nicht nur ungewöhnliche Gedanken für einen Papst. Es ist auch eine neue Blickrichtung, wie Kardinal Gianfranco Ravasi vom Päpstlichen Kulturrat zum Auftakt des *Vorhofs der Völker* in Paris erläuterte: Glaubende und Nichtglaubende stehen sich nicht feindlich gegenüber, sondern stehen Seite an Seite – und schauen in dieselbe Richtung im Anliegen, den Grundfragen des Lebens nachzugehen und das Leben menschlicher werden zu lassen.

„Jesus stieg doch auch nicht vom Kreuz"

„Ich sah die anderen Kardinäle an und entdeckte in ihren Gesichtern dieselben Gefühle: Überra-

17. Februar 2013: Gläubige auf dem Petersplatz nehmen Abschied von Papst Benedikt XVI.

schung, Schock, Betroffenheit, Trauer." Es war Kardinal Paul Poupard, der der *Sunday Times* mit diesen Worten den 11. Februar beschrieb. „Der Papst ging dann so schnell hinaus, als wäre er vom Thron gerutscht." Um 11.46 Uhr meldete die italienische Nachrichtenagentur *Ansa* in einem „News-Flash" als erste: „Papst verlässt Pontifikat zum 28. 2."

Es war Rosenmontag; durch Köln und andere rheinische Städte zogen Karnevalszüge, so dass dort, und nicht nur dort, viele erst mal an einen Scherz glaubten. Ein Nachrichtensprecher von WDR 5 meldete, der Papst habe „während einer Karnevalsversammlung – pardon, während einer Kardinalsversammlung" seinen Rücktritt angekündigt. „Incredibile", murmelten Priester auf den Fluren im Vatikan, „unglaublich!" Der Leiter des Vatikanischen Pressesaals, Jesuitenpater Federico Lombardi, berief für 12.30 Uhr eine Pressekonferenz in der Nähe von Sankt Peter ein und ließ sich von Journalisten mit Fragen eindecken. Auf die meisten musste er antworten: „Das weiß ich ehrlich gesagt nicht." Oder: „Das gehört in den Bereich der Hypothesen, für die ich nicht zuständig

Noch ein Segen für die Gläubigen: Benedikt XVI. nach dem Angelusgebet am 17. Februar 2013.

zisieren, die Ordensfrauen seien längst ausgezogen, und der Papst werde in dem nicht allzu großen Bau nur mit einigen der bisherigen Mitglieder seiner „Päpstlichen Familie" wohnen. Ob sein Fischerring zerbrochen werde? Ob er bald wieder der Herr Ratzinger sei – oder wieder Kardinal? Und wie man den Papst nach seinem Rücktritt denn ansprechen werde? Immer wieder: „Wir wissen es noch nicht."

„Papst Benedikt XVI. schenkte uns ein geistliches Pontifikat von theologischer Tiefe und intellektueller Weite. Er ist ein Prediger, dem es immer wieder in herausragender Weise gelingt, die Worte der Heiligen Schrift ins Hier und Heute zu übersetzen, weil er nah bei den Menschen und am Herzschlag Gottes ist."

Erzbischof Robert Zollitsch
Vorsitzender der Deutschen Bischofskonferenz

bin." „Papsterklärer in Erklärungsnot", beschrieb die *Frankfurter Allgemeine Zeitung* diese Szene.

Benedikt habe „keine akute Krankheit", hielt Lombardi allen Spekulationen um verschwiegene Herzoperationen oder Stürze im Badezimmer entgegen, „er fühlt einfach die Last des Alters". Und ja, es stimme, was der *Osservatore Romano* schreibe: dass der Papst nämlich schon seit Langem, „namentlich nach der Reise durch Mexiko und Kuba" im März 2012, seine Entscheidung zum Amtsverzicht getroffen habe. Das sollte bedeuten: Es war nicht der „Vatileaks"-Skandal, eher hat dieser Skandal den Papst an einem noch früheren Rücktritt gehindert. Die Medien begannen, sich in Mutmaßungen über das Kloster im Vatikan zu ergehen, in das sich der Amtsmüde zurückziehen wollte: „von Klarissen umsorgt". Nein, musste Lombardi da prä-

Auf dem Petersplatz äußerten sich einige Touristen bestürzt, als Journalisten sie um eine Reaktion auf die Nachricht baten. „Wir leben in einer so unruhigen Zeit, mit so vielen Krisen", meinte einer, „und jetzt schmeißt auch noch der Papst hin, der doch eigentlich ein Orientierungspunkt sein müsste, etwas Bleibendes." In Krakau soll Kardinal Stanislaw Dziwisz gesagt haben: „Jesus ist doch auch nicht vom Kreuz gestiegen!" Ein bitteres Wort, denn Dziwisz war Privatsekretär von Johannes Paul II. gewesen; er hatte dessen qualvolles Altern und Sterben miterlebt. Der Kardinal dementierte. Doch dann gab er ein Interview, in dem er Joseph Ratzinger würdigte, „weil er immer so eng verbunden war mit dem seligen Papst Johannes Paul, diesem großen Papst unseres Jahrhunderts!"

Hätte Benedikt also durchhalten müssen? Kölns Kardinal Meisner fand es, gerade mit dem Sterben Johannes Pauls vor Augen, „nachvollzieh-

„Papa emeritus"

Seit seinem Rücktritt vom Amt des Bischofs von Rom am 28. Februar 2013 ist Benedikt XVI. nicht mehr Papst; er ist aber auch nicht wieder Kardinal und erst recht nicht wieder „der Herr Ratzinger". Aus dem Kardinalskollegium war Benedikt mit seiner Papstwahl im April 2005 ausgeschieden, aus dem Bischofsamt (im Mai 1977 war er zum Erzbischof von München und Freising geweiht worden) allerdings nicht. Das Papsttum ist ein Wahlamt, das sich niederlegen lässt, wohingegen ein Bischof geweiht wird – diese Weihe bleibt lebenslang. Das war die Gemengelage, mit der Kirchenrechtler nach der überraschenden Rücktrittsankündigung des deutschen Papstes konfrontiert waren. „Eine schwierige Situation, die ein bisschen Zeit braucht, bis wir sie gelöst haben", sagte Vatikansprecher Federico Lombardi, „denn hier geht es ja nicht einfach um einen Titel, sondern um dahinterliegende Vorstellungen und Rechte. Wir sollten uns die Zeit nehmen, um keinen Fehler zu machen." Nach einigen Beratungen, bei denen auch Benedikt XVI. selbst mit einbezogen wurde, einigte sich die Kirchenführung schließlich darauf, dass sein Titel ab dem Moment seines Rücktritts lauten sollte: „Benedikt XVI., emeritierter Papst". Eine Alternative dazu lautet: „emeritierter römischer Pontifex". Die Anrede „Eure Heiligkeit" ist auch weiterhin erlaubt, und ebenso wird Benedikt auch in Zukunft einen weißen Talar tragen.

Eindeutige Regelungen, wie mit einem zurückgetretenen Papst zu verfahren sei, kennt der Kodex des Kirchenrechts nicht; er sieht bislang nur in allgemeinen Wendungen die Möglichkeit eines Papst-Rücktritts vor. Entsprechend ungelöst war daher auch die Titelfrage. Eine wichtige Analogie ist aber natürlich der altersbedingte Rücktritt von Diözesanbischöfen; mit 75 Jahren müssen Bistumschefs laut Kirchenrecht im Vatikan ihren Rücktritt anbieten, den der Papst annehmen kann oder auch nicht. In der Regel nennen sie sich nach ihrem Rücktritt dann „Altbischof" oder „emeritierter Bischof". Vatikansprecher Lombardi stellte aber klar, Benedikt XVI. wolle lieber nicht als „Altpapst" bezeichnet werden.

Im Kloster *Mater Ecclesiae* zwischen Petersdom und Vatikanischen Gärten wird der emeritierte Papst Benedikt XVI. wohnen. Zum Zeitpunkt des Rücktritts sind die Umbauarbeiten noch im Gange.

Ein offizielles Rücktrittsschreiben von Benedikt XVI. gibt es nicht; seine Erklärung vor dem Kardinalskollegium vom 11. Februar 2013 tut den Vorgaben des Kirchenrechts hinreichend Genüge. Der Fischerring Benedikts ist unbrauchbar gemacht worden, die amtlichen Papiere des „Papa emeritus" wandern ins Vatikanische Geheimarchiv, wo sie die nächsten 50 Jahre lang wohl nicht für die Forschung zugänglich sein werden.

Erzbischof Dr. Georg Gänswein bleibt der Privatsekretär von Benedikt XVI. und zieht mit ihm ins Kloster *Mater Ecclesiae*. Als Präfekt des Päpstlichen Hauses koordiniert er aber auch alle nichtliturgischen Termine von Papst Franziskus.

Wohnen wird Benedikt XVI. im vatikanischen Haus Mater Ecclesiae zwischen dem Petersdom und den Vatikanischen Gärten, das 20 Jahre lang als Kloster gedient hat und nun umgebaut wird. Klausurschwestern gibt es hier keine mehr, doch mehrere geweihte Frauen, sogenannte Memores, werden hier um Benedikt sein: Sie haben ihm schon in seiner Zeit im Apostolischen Palast den Haushalt geführt.

bar", dass der Papst die Reißleine zog. „Das wollte er mal nicht ähnlich erleben – das Pontifikat weiterzuführen ohne die Kräfte, selber zu entscheiden, und angewiesen zu sein auf die Hilfe anderer!"

Ein Pfarrer verbrennt ein Papstfoto

Aus aller Welt kamen Reaktionen: von Staats- und Regierungschefs, Kirchen- und Religionsführern, Intellektuellen. US-Präsident Barack Obama versprach sein Gebet, der britische Premier David Cameron würdigte eine „spirituelle Leitfigur" („Millionen werden ihn vermissen"), und Bundeskanzlerin Angela Merkel, die zeitweise ein eher kühles Verhältnis zu ihrem Landsmann auf dem Stuhl Petri hatte, ließ wissen, der Rücktritt sei zu respektieren, wenn der Papst wirklich zu schwach für sein Amt geworden sei. Etwas schmallippig erklärte der neue französische Präsident François Hollande, die Republik habe den Rücktritt nicht zu kommentieren.

Sehr nobel war der Brief, den Israels Staatspräsident Shimon Peres an die Vatikanzeitung schickte. Er wurde auf der Titelseite des *Osservatore Romano* abgedruckt. „Mir tut der Verzicht des Papstes leid. Es ist eine originelle Entscheidung, denn er ist ein origineller und mutiger Mann." Er sehe in Benedikt einen „einzigartigen geistlichen Führer". Und: „Weisheit altert nie." Thailändische Buddhisten bewunderten, dass der Papst jetzt zu einer Art Mönch werden wollte. Auch die 138 Islamgelehrten, die im Oktober 2007 nach der Regensburger Rede einen Gesprächsfaden mit dem Vatikan geknüpft hatten, schrieben dem Papst. Seine „graceful resignation" sei „bemerkenswert".

Natürlich war der Tenor der Reaktionen der Respekt vor der Entscheidung Benedikts. Doch aus einigen Wortmeldungen wurde klar, dass der Ober-

hirte viele seiner Anvertrauten in ein Wechselbad der Gefühle gestürzt hatte. Er mache sich jetzt „große Sorgen um die Gesundheit des Papstes", erklärte der neue Regensburger Bischof Rudolf Voderholzer – und sprach den Nachsatz nicht aus, der dennoch wohl mitschwang: Denn wenn der Papst nicht sehr krank wäre, dann hätte er doch vermutlich nie und nimmer das Handtuch geworfen. Der New Yorker Kardinal Timothy Michael Dolan fluchte fast: „Ich möchte wissen, was da los ist!" Im ligurischen Städtchen Castelvittorio verbrannte ein Pfarrer während der Sonntagspredigt ein Bild Benedikts: „Er ist kein Hirte, kein Papst, denn er hat seine Herde im Stich gelassen!"

> „Dass Ämter nur auf Zeit wahrgenommen werden und dass man ab einem bestimmten Lebensalter von allen amtlichen Pflichten befreit ist, gehört zum Maß des Menschlichen."
>
> *Nikolaus Schneider*
> *Vorsitzender des Rates der Evangelischen Kirche in Deutschland*

Berlins Kardinal Rainer Maria Woelki hatte den Eindruck, Benedikts radikaler Rückzug habe das Papstamt „entzaubert"; bisher hätten die Gläubigen doch in dem Bewusstsein gelebt, dass ein Heiliger Vater seinen Dienst bis zum Schluss ausübe. Er sehe durchaus die Gefahr, dass sich das Papstamt jetzt „verweltlichen" könnte. Einige Zweifel wurden laut, ob Benedikts Schritt wirklich vom Kirchenrecht gedeckt war. Doch der sardische Erzbischof Ignazio Sanna hielt dem entgegen, das Petrusamt sei doch eigentlich nur „ein Amt wie das Pfarreramt, und das Kirchenrecht sieht es vor, dass man auf ein Amt verzichten kann". Die „Heiligkeit" eines Dienstes in der Kirche ergebe sich aus der Weihe, beispielsweise der Bischofsweihe, so Sanna; Päpste würden aber „nur gewählt und nicht geweiht", ergo habe Benedikt „die Figur des Pontifex überhaupt nicht entweiht".

Bei der letzten General-
audienz Benedikts XVI.
kann der Petersplatz die
angereisten Gläubigen
kaum fassen.

„Der alte Eskimo verlässt das Iglu"

Auch der italienische Kardinal Camillo Ruini,
82 Jahre alt und damit kein Papstwähler mehr,
schwieg. In seiner großen Zeit, noch unter dem
frühen Benedikt, war er Vorsitzender der Italienischen Bischofskonferenz und einer der mächtigs-
ten Kardinäle gewesen. Nur am Tag des Rücktritts
selbst kamen ein paar dürre Sätze von ihm: „Als
Katholik und Priester bin ich der Meinung, über
die Entscheidungen eines Papstes diskutiert man
nicht, sondern man akzeptiert sie, auch wenn sie
Schmerzen verursachen." Seitdem: Schweigen.

Die Zeitung *Il Foglio* konnte allerdings Ruinis
Gedanken lesen. Die gingen so: „Wie können wir
uns in einer so zersplitterten und desorientier-
ten Welt nur auf diese Wellenlänge begeben?"

Man wird kaum fehlgehen in der Annahme,
dass mehr als ein Kardinal im Stillen so dachte wie
Ruini. Am offensten äußerte Kardinal George Pell
von Sydney seine Bedenken: „Hoffentlich gehen wir
jetzt nicht einer ganzen Serie von Päpsten entgegen,

die einer nach dem anderen zurücktreten!" Benedikt
habe einen „besorgniserregenden Präzedenzfall"
geschaffen. „Leute, die etwa mit dem künftigen
Papst nicht einer Meinung sein werden, könnten
eine Kampagne starten, um ihn zum Rücktritt
zu bewegen." Der scheidende Papst sei zwar ein
„brillanter Lehrer" gewesen, aber „das Regieren"
habe „nicht zu seinen starken Seiten" gehört.

*„Wir Orthodoxen werden ihn immer ehren
als Freund unserer Kirche."*
Bartholomaios I., Patriarch von Konstantinopel

Auf „Größe und Tragik zugleich" erkannte
die *Süddeutsche Zeitung*: „Nur mit seinem Rücktritt
sprengt Benedikt die Ketten der Tradition, überall
sonst hat er an diese Ketten nicht gerührt." *Christ
und Welt*, eine Beilage der Wochenzeitung *Die Zeit*,
urteilte: „Er nimmt die Entweltlichung persönlich."
Einerseits. Andererseits fragte das Blatt: „Wie kann
man jetzt Ehepaaren einbläuen, zusammenzublei-
ben, bis der Tod sie scheidet, wenn ein Papst aus
Angst vor dem Tod aus dem Amt scheiden darf?

Dabei sollte sein Pontifikat mal für Eindeutigkeit, Klarheit und Demut stehen. Am Ende hat Benedikt das Gegenteil erreicht." „Der Papst aus dem Land der Reformation hat das Papstamt revolutioniert", schrieb Daniel Deckers in der *Frankfurter Allgemeinen Zeitung.* „Es ist ein Amt auf Zeit geworden."

D er *Corriere della Sera* machte darauf aufmerksam, dass der Papst „nicht das Problem des Vatikans gewesen" sei, sein Rückzug aber „den alten Logiken" im Kirchenstaat einen Schlag verpasse. „In aller Öffentlichkeit von der eigenen Schwäche und Unfähigkeit zu sprechen, ist einer der kräftigsten Erweise von Freiheit und Intelligenz", schrieb Claudio Magris im selben Blatt. „Der alte Eskimo verlässt das Iglu." Der peruanische Literatur-Nobelpreisträger Mario Vargas Llosa erklärte Benedikt XVI. in *El País* für „gescheitert", weil er mit seiner Freiheit des Denkens „ein Anachronismus innerhalb des Anachronismus" namens Kirche gewesen sei. Der britische Denker Roger Vernon Scruton sah den Rücktritt des Papstes in Zusammenhang mit dem kurz zuvor erfolgten Rücktritt des anglikanischen Primas Rowan Williams; beide seien „Denker und nicht Kämpfer", und beide seien, so sagte er der Zeitung *Il Foglio,* letztlich „der Einschüchterung und dem Druck von militanten Laien, Homosexuellenlobbys und der politischen Korrektheit gewichen." Das sei keine gute Nachricht.

Zum Rücktritt erst mal ein Abendessen

Zwei Tage nach seiner Rücktritts-Ankündigung vom Montag trat Benedikt XVI. erstmals wieder in der Öffentlichkeit auf: Binnen 24 Stunden absolvierte er seine wöchentliche Generalaudienz, die Messe zum Aschermittwoch im Petersdom und schließlich, am Donnerstag, ein Treffen mit römischen Priestern, bei dem er eine einstündige Stegreifrede hielt. Wie von einer Last befreit wirkte er: ohne Gehstock, mit kräftiger Stimme, dankbar für den Beifall. Die Solidarität der Menschen tue ihm gut, er spüre ihre Gebete „fast physisch"; diese Tage „sind für mich nicht einfach", sagte er. Viel mehr war ihm zu seinem Abgang nicht zu entlocken, aber er war sogar zu Scherzen aufgelegt. „Benedikt XVI. ist vollgültig Papst bis zum 28. Februar", erklärte Pater Lombardi den Journalisten, „er nimmt sein vorgesehenes Programm weiter wahr." Und so war es tatsächlich. Wie um diesen Tagen die Dramatik zu nehmen, hielt der scheidende Papst seine üblichen Audienzen ab. Um ihn herum war der Vatikan in Auflösung; nur er selbst machte weiter, als wäre nichts gewesen.

> „Er wird Millionen Menschen als spirituelle Leitfigur fehlen."
>
> *David Cameron, Britischer Premierminister*

A m Aschermittwoch ging ich abends in den Petersdom zur feierlichen Liturgie unter der Kuppel des Michelangelo; die *Cappella Sistina* sang gregorianisch, die Konzelebranten trugen Lila, und die Journalisten in der Bank neben mir unterbrachen das Twittern nur, um zur Kommunion zu gehen. Auch dem Papst wurde ein Aschekreuz auf die Stirn gezeichnet, nachdem er in seiner Predigt eindringlich zur „Umkehr" aufgerufen, vor „Rivalitäten" in der Kirche gewarnt hatte. „Gedenke, Mensch, dass du Staub bist und zum Staub zurückkehren wirst ..." Sonderlich aufgewühlt wirkte Benedikt nicht – ernst, das schon. Irgendwie passte sein angekündigter Rücktritt zum Beginn der Fastenzeit, hatte Anteil an der theologischen Aufladung dieser 40 Wüstentage. Zeit des Umdenkens, Zeit des radikalen Neubeginns. Noch 40 Tage bis Ostern – noch 15 Tage bis zum Rücktritt.

Zweieinhalb Minuten lang klatschten die Gottesdienstbesucher am Schluss der Messe, gleichzeitig schossen sie Handyfotos; die Bischöfe setzten ihre Mitren ab, und der Papst schaute in sich hinein. „Grazie", sagte er dann, „ritorniamo alla preghiera" – „danke, kommen wir jetzt wieder zurück zum Gebet". Ein typischer Ratzinger. Draußen traf ich einen Priester, der nach der Messe in der Sakristei vorbeigeschaut hatte: „Die Zeremonienmeister des Papstes standen alle um ihn herum und weinten", erzählte er, „und der Papst sagte mit einem Lächeln: Das war das letzte Mal, dass ich eine Messe im Petersdom gefeiert habe."

Jeder dieser Tage war Neuland. Wird der Papst auch nach dem Rücktritt noch die weiße Soutane tragen dürfen? Ja doch – auch wenn es zunächst geheißen hatte, er müsse wieder den schwarzen Talar überstreifen. Wie wird er heißen? Weiterhin Benedikt XVI., stellte sich irgendwann heraus. Gibt es keine Abschiedszeremonie, kein offizielles Ablegen der Papstgewänder? Nein, teilte Pater Lombardi nach einigen Tagen des Überlegens im Vatikan mit. Nur ein Abschieds-Händeschütteln für Kardinäle in der Sala Clementina (die übrigens nach einem zurückgetretenen Papst benannt ist) im Apostolischen Palast, am Morgen des letzten Amtstages. Am Abend dieses letzten Tages wird Benedikt dann, so fuhr Lombardi fort, per Hubschrauber nach Castelgandolfo fliegen, in die Sommerresidenz der Päpste hoch über dem Albaner See. Und dort wird er in Ruhe die Fertigstellung der Umbauarbeiten seines künftigen Vatikan-Domizils abwarten.

„Kirche und Welt haben Papst Benedikt XVI. viel zu danken – mehr, als uns im Augenblick bewusst ist."
Kardinal Karl Lehmann, Bischof von Mainz

Abschied vom Apostolischen Palast. Mit dem Hubschrauber fliegt Benedikt XVI. am Nachmittag des 28. Februar 2013 vom Vatikan nach Castelgandolfo.

„Um acht Uhr abends hört er dann auf, Papst zu sein." Warum acht Uhr abends? „Ganz einfach", so Lombardi: „Weil das für den Papst das normale Ende eines Arbeitstages ist." Feierabend. Mehr sei nicht dahinter.

Aber was wird Benedikt denn in den letzten Stunden als Papst machen?, hakte ein Journalist nach. Lombardi – bis hierhin „unerschütterlich wie Buster Keaton", wie *Il Foglio* später schrieb – machte eine hilflose Geste und sagte unter dem Gelächter der Presseleute: „Was soll er schon machen ... Angesichts der Uhrzeit wird er wahrscheinlich zu Abend essen."

„Der Herr lässt uns nicht untergehen"

Einen Tag vor dem Inkrafttreten seines Rücktritts, am Mittwoch, 27. Februar 2013, hielt Benedikt XVI. seine letzte Generalaudienz. Mehr als 150.000 Menschen waren dazu auf den Petersplatz und auf die *Via della Conciliazione* gekommen; die Sonne schien, viele Radio- und Fernsehstationen übertrugen live, der Papst fuhr im offenen Papamobil mehrere Runden durch die Menge. Dann hielt er in nachdenklich-bewegtem Ton eine Rede, in der er sich vor allem dankbar zeigte für die vergangenen Jahre als Papst. „In diesem Augenblick weitet sich mein Geist und umfasst die ganze, über die Welt verbreitete Kirche ... Alles und alle nehme ich in das Gebet hinein, um sie dem Herrn anzuvertrauen ..."

Er habe im April 2005 das Petrusamt übernommen „in der Gewissheit, dass du (Gott) mich leiten wirst, auch mit all meinen Schwächen". Acht Jahre danach könne er nun wirklich sagen, dass der Herr

„Ich bin regelrecht schockiert. Das geistliche Amt ist ja eine Art Vaterschaft. Und Vater bleibt man doch Zeit seines Lebens."
Kardinal Joachim Meisner, Erzbischof von Köln

ihm nahegewesen sei. „Es war eine Wegstrecke der Kirche, die Momente der Freude und des Lichtes kannte, aber auch Momente, die nicht leicht waren; ich habe mich gefühlt wie Petrus mit den Aposteln im Boot auf dem See Gennesaret: Der Herr hat uns viele Sonnentage mit leichter Brise geschenkt, Tage, an denen der Fischfang reichlich war, und es gab Momente, in denen das Wasser aufgewühlt war und wir Gegenwind hatten, wie in der ganzen Geschichte der Kirche, und der Herr zu schlafen schien." Dennoch habe er „immer gewusst", so Papst Benedikt, „dass in diesem Boot der Herr ist". „Und ich habe immer gewusst, dass das Boot der Kirche nicht mir, nicht uns gehört, sondern ihm. Und der Herr lässt sie nicht untergehen."

Vielen Zuhörern auf dem Petersplatz war tiefe Bewegung anzusehen; mir schien diese letzte große Rede die beste des ganzen Pontifikats. Sie kam ohne Pathos aus. Benedikt lud alle zu Gottvertrauen ein (Vertrauen wir uns ihm an „wie Kinder in den Armen Gottes"), und er dankte der Kurie und seinem Kardinalstaatssekretär Tarcisio Bertone. „Ich möchte, dass ... mein Dank alle erreicht: das Herz eines Papstes weitet sich für die ganze Welt!" Viele „einfache Menschen" hätten ihm in den letzten Wochen geschrieben: „Ja, der Papst ist nie allein – das erlebe ich nun noch einmal in großer, das Herz berührender Weise. Er gehört allen, und sehr viele Menschen fühlen sich ihm ganz nahe." Hier lasse sich mit Händen greifen, was die Kirche in Wirklichkeit sei: „nicht eine Organisation, nicht eine Vereinigung für religiöse oder humanitäre Zwecke, sondern ein lebendiger Leib, eine Gemeinschaft von Brüdern und Schwestern im Leib Jesu Christi". „In einer Zeit, in der so viele vom Niedergang der Kirche sprechen, ist es beglückend, sie so zu erleben und die Kraft ihrer Wahrheit und Liebe geradezu mit Händen berühren zu können. Wir sehen, dass die Kirche heute lebt!"

Zu seinem bevorstehenden Rücktritt sagte der Papst, er tue diesen Schritt „im vollen Bewusstsein seines schwerwiegenden Ernstes und seiner Neuheit, aber mit einer tiefen Seelenruhe". Dabei stehe ihm das „Wohl der Kirche" vor Augen und nicht sein eigenes. Er werde sich jetzt nicht ins Privatleben zurückziehen: „Es gibt keine Rückkehr ins Private ... Ich gehe nicht vom Kreuz weg, sondern bleibe auf neue Weise beim gekreuzigten Herrn. Ich trage nicht mehr die amtliche Vollmacht für die Leitung der Kirche, aber im Dienst des Gebetes bleibe ich sozusagen im engeren Bereich des heiligen Petrus." Das klang wie eine Antwort auf die Worte „Jesus stieg doch auch nicht vom Kreuz", die Kardinal Dziwisz zugeschrieben worden waren. Er danke allen „für den Respekt und das Verständnis", auf das seine Entscheidung zum Rücktritt gestoßen sei, fuhr Benedikt fort. „In Gebet und Besinnung werde ich den Weg der Kirche weiterhin begleiten, mit jener Hingabe an den Herrn und seine Braut, die ich bis jetzt täglich zu leben versucht habe und die ich immer leben möchte."

Und dann verließ er den Platz, ohne noch einmal im Papamobil eine Runde zu drehen, gewissermaßen durch den Hinterausgang.

28. Februar 2013, 20.00 Uhr: Wachwechsel in Castelgandolfo. Zum Ende des Pontifikats von Benedikt XVI. schließen Schweizergardisten das Tor der päpstlichen Residenz. Nun übernimmt die vatikanische Gendarmerie. Die Schweizergarde dient nur dem amtierenden Papst. Sie zieht sich jetzt zurück.

Per Hubschrauber in den Ruhestand

Der Donnerstag, 28. Februar, war gekommen, der letzte Tag im deutschen Pontifikat. Vor 144 Kardinälen versprach Benedikt XVI. mittags in der Sala Clementina des Apostolischen Palastes seinem noch unbekannten Nachfolger „bedingungslose Ehrerbietung und Gehorsam", dann verabschiedete er sich stehend von jedem einzelnen der Kardinäle. Erzbischof Georg Gänswein, sein Sekretär, weinte; einige Kardinäle hatten dem Papst noch Bücher oder andere kleine Geschenke mitgebracht. Um 17.07 Uhr hob der Hubschrauber mit Benedikt an Bord von den Vatikanischen Gärten ab, drehte eine Schleife über dem Vatikan und flog unter dem Geläut der römischen Glocken über das Kolosseum in Richtung Albaner Berge. Es war eine Szene wie aus einem Kinofilm; eine US-Journalistin fragte beim Vatikansprecher Lombardi nach, ob der Papst den Hubschrauber vielleicht selbst gesteuert habe.

Der Abend war kühl, aber sonnig. Auf dem engen Platz vor der Päpstlichen Sommerresidenz in Castelgandolfo drängten sich vor allem Familien aus der Umgebung; einige Väter trugen ihre Kinder auf den Schultern. Ich war vor dem Postamt eingekeilt und sah mich um: Transparente von geistlichen Bewegungen, ein einsames bayerisches Fähnchen in der Menge, überall Fotografen und Fernsehjournalisten. Die Stimmung war heiter-festlich. Von der Fassade der Residenz hing ein Teppich mit Benedikts Papstwappen herab, unten am Tor standen zwei Schweizergardisten. Als der Papsthubschrauber am Himmel auftauchte und das Glöckchen der Pfarrkirche zu bimmeln anfing, schwenkten die Wartenden Fähnchen und riefen im Chor: „Benedetto!" Es war eigentlich alles wie immer bei Papstauftritten.

Ungefähr um 17.40 Uhr trat Benedikt XVI. auf den Balkon – ein beschwingter, etwas zerstreuter 120-Sekunden-Auftritt. „Ihr wisst, dass dieser Tag sich für mich von den vorherigen unterscheidet", sagte er, „ich bin nämlich nicht mehr oberster Hirte der katholischen Kirche." Dann bemerkte er seinen Irrtum und setzte hinzu: „Das heißt, bis heute Abend um acht Uhr werde ich es noch sein, dann nicht mehr." Auch beim Segen verhaspelte er sich. Die letzten Worte des Pontifikats hießen „Grazie, buona notte! – Danke und gute Nacht."

Malerisch brach die Dämmerung an hoch über dem Albaner See. Arbeiter holten den Teppich mit dem Papstwappen ein, die Menge zerstreute sich schwatzend, „So, und jetzt setzt du dich aber an deine Hausaufgaben", hörte ich einen Mann im Weggehen zu seinem Sohn sagen. Nur die starken Lampen der Fernsehsender erleuchteten noch den Platz. Rund um den Brunnen in der Platzmitte absolvierten Korrespondenten Live-Schaltungen; später erzählte Vatikansprecher Lombardi, dass auch der Papst selbst am Abend Fernsehen geschaut habe. Die Berichte hätten ihm gefallen.

Um acht Uhr abends schlossen die Schweizergardisten das Tor des Palastes: Das Pontifikat war vorüber, der Stuhl Petri stand leer, fast alle Kurienchefs hatten in diesem Augenblick ihre Ämter verloren. In Rom ließ Kardinal Tarcisio Bertone, jetzt nicht mehr Kardinalsstaatssekretär, aber als Camerlengo (Kardinalkämmerer) der für den Übergang Verantwortliche, das Appartement des Papstes versiegeln. Bald darauf berief Kardinal Angelo Sodano, der Dekan des Kardinalskollegiums, die erste Vollversammlung von Kardinälen, eine sogenannte Generalkongregation, ein, um alle anstehenden Fragen für das Konklave zu regeln.

Ich bin nur noch ein einfacher Pilger,
der die letzte Etappe seiner Pilgerreise
auf dieser Erde beginnt. Aber ich möchte
noch einmal mit meinem Herzen,
mit meiner Liebe, meinem Gebet, meiner
Meditation und allen meinen inneren
Kräften für das Wohl aller und der Kirche,
ja für die Menschheit arbeiten.
Und dabei fühle ich mich getragen
von eurer Sympathie. Gehen wir gemeinsam weiter mit dem Herrn, für
das Wohl der Kirche und der Welt.

(An die anwesenden Gläubigen in Castelgandolfo, 28.Februar 2013)

Die Sixtinische Kapelle
wird für Besucher ge-
schlossen und für die
Papstwahl hergerichtet.

Der Weg zur Wahl

„Das erste Konklave in der Twitter-Ära": Benedikt XVI. hatte kaum seine Abdankung angekündigt, da druckten die italienischen Zeitungen schon Listen von „Papabili", also von Favoriten für die Nachfolge. Die Blätter mutmaßten über den Einfluss der Kardinäle Angelo Sodano und Tarcisio Bertone auf die anderen Papstwähler; Sodano war Dekan des Kardinalskollegiums, Bertone der Camerlengo, also in gewisser Hinsicht der Interims-Regierungschef. Und je nach Bedarf wurde mal ein Pontifex aus Italien (Angelo Scola? Gianfranco Ravasi? Angelo Bagnasco?), mal einer aus dem Rest der Welt (Luis Tagle? Odilo Scherer? Marc Ouellet? Peter Turkson?) herbeigeschrieben.

Kein eindeutiger Favorit

So mancher Kardinal beteiligte sich sogar selbst am „toto-papa", der „Papstlotterie". Kardinal Francesco Coccopalmerio deutete auf einen peruanischen Kandidaten; der Brasilianer Raymundo Damasceno Assis konnte der Vorstellung eines brasilianischen Papstes einiges abgewinnen; Kardinal Donald William Wuerl aus Washington nannte einen US-Papst unwahrscheinlich, weil jede seiner Botschaften zu sehr auf politische Untertöne abgehorcht würde; und der argentinische Kurienkardinal Leonardo Sandri räsonnierte, die Kirche sei durchaus „reif für einen afrikanischen Papst", aber „die Welt" sei es „vielleicht nicht". In Rom tauchten gefälschte Wahlplakate auf, die für den afrikanischen Kardinal Peter Turkson warben. „Man kann nur sagen, wer vorher allzu oft genannt wird, der trifft auch auf eine gewisse Skepsis", kommentierte der Mainzer Kardinal Karl Lehmann: „Ich bin ganz froh, dass manche Leute nicht genannt werden, die eine Rolle spielen könnten, denn dann sind die nicht vorher schon kaputt!" Ob er dabei auch an den Erzbischof von Buenos Aires dachte?

„Ein Papst ist Bischof von Rom, und ich denke, es wäre nicht so gut, die Kirche für so viele Jahre ohne einen italienischen Papst zu lassen", überlegte der australische Kardinal George Pell einem Journalisten gegenüber. „Ich glaube auch, dass die kompetenten italienischen Kandidaten alle mit einem leichten Vorteil ins Konklave gehen." Nachfrage des Journalisten: „Gibt es denn diesmal gute Kandidaten aus Italien?" Antwort Kardinal Pell: „Ja, einige. Aber ich würde auch keinen ausländischen Papst ausschließen. Es würde mich nicht wundern, wenn in den nächsten 50 bis 100 Jahren mehrere Päpste aus Südamerika gewählt würden."

Die Wahl versprach spannend zu werden. Eine Richtungswahl. „Vielleicht wird das das Konklave der Wende", sagte der nicht mehr wahlberechtigte Kardinal Paul Poupard. Da jetzt die Möglichkeit zu einem Rücktritt des Papstes offenstand, konnten die Wahlberechtigten es sich erlauben, einen „jüngeren" Papst zu wählen (damit ist in Vatikankreisen die Altersklasse 50+ gemeint). Was aber, wenn der dann nicht zurückträte, wenn ihm die Kräfte schwinden würden? Der Druck zum Rücktritt würde dann jedenfalls bestehen, von innerhalb der Kirche wie von außen. Schließlich gab es nun den Präzedenzfall.

Ein eindeutiger Favorit war nicht auszumachen. „Ich glaube kaum, dass wir einen Meister vom Kaliber eines Benedikt oder Johannes Paul finden werden", so Kardinal George Pell. „Falls doch, dann wäre das eine angenehme Überraschung." In der Spätzeit der Ära Johannes Paul II. hatten die Kardinäle in aller Welt genügend Zeit gehabt, schon einmal über einen geeigneten Nachfolgekandidaten nachzudenken; Benedikts Rücktritt hingegen hatte sie kalt erwischt. Außerdem gab es, von außen betrachtet, nicht mehr so klar voneinander getrennte Lager wie bei früheren Papstwahlen. Da waren, wie *Die Tagespost* sich erinnerte, durchaus mal „zwei Spitzenkandidaten" in die Sixtina eingezogen, „die jeweils ein rechtes und ein linkes Lager repräsentierten ... und als Papst heraus kam ein Kompromisskandidat – wie etwa Johannes Paul I". Der war im Hochsommer 1978 zum Nachfolger Petri gewählt worden, aber

Scherzbolde plakatierten in Rom im Stil italienischer Wahlplakate Aufrufe, den ghanaischen Kardinal Peter Turkson zu wählen. Später stellt sich heraus: Dahinter steckte eine Künstlergruppe. Das war Kunst.

nach nur 33 Tagen im Amt schon gestorben. Sein Pontifikat war das zweitkürzeste der Geschichte.

Gezerre um Konklavebeginn

117 Kardinäle waren berechtigt zur Teilnahme an der Papstwahl; mehrere Dutzend von ihnen hatten schon bei der vorherigen Wahl im Jahr 2005 in der Sixtinischen Kapelle mitgestimmt. Noch nie waren so viele Länder in einem Konklave vertreten wie diesmal, und zum ersten Mal in der Kirchengeschichte durfte mit John Tong Hon aus Hongkong ein Kardinal vom chinesischen Festland mit abstimmen. Zusätzlich war mit Erzbischof Luis Antonio Tagle von Manila, der Hauptstadt der Philippinen, ein Kardinal mit dabei, der eine chinesische Mutter hatte: eine China-Premiere in der Sixtina also. Hielt sich bei der Papstwahl 2005 die Zahl von Europäern und Nichteuropäern noch fast die Waage, gab es diesmal wieder ein leichtes Übergewicht an europäischen Wahlkardinälen aufgrund der Ernennungen, die Benedikt XVI. vorgenommen hatte. Dabei vertreten die Europäer nur noch ein knappes Viertel der Katholiken weltweit.

Die Zahl der Italiener in der Sixtina würde diesmal 28 betragen: acht mehr als 2005. Seit Benedikt 2007 die Wahlordnung verschärft hatte, musste ein Kandidat mindestens eine Zweidrittelmehrheit hinter sich bringen, um Papst zu werden. Ein Konklave würde deshalb tendenziell länger dauern als früher, aber hinter dem Gewählten eine deutliche Mehrheit versammeln. Indiskretionen wollten wissen, dass das bei der Papstwahl von 2005 nicht der Fall gewesen sei und dass der knapp zum Pontifex gewählte Joseph Ratzinger deshalb um einen weiteren Wahlgang zur klareren Bestätigung seiner Bestimmung zum Papst gebeten habe. Ratzingers Gegenkandidat damals war übrigens, denselben Indiskretionen zufolge, der Argentinier Jorge Bergoglio gewesen. Ein Name, der jetzt in den Überlegungen zum anstehenden Konklave nicht oft genannt wurde.

Solange Benedikt XVI. noch im Amt war, wusste keiner, wann das Konklave tatsächlich beginnen würde. Wirklich erst 15 Tage nach Eintreten der Sedisvakanz (das bedeutet „leerer Stuhl", gemeint ist der Sitz des Bischofs von Rom), wie in der Wahlordnung vorgeschrieben? Oder durfte man in diesem einmaligen Fall doch früher zusammentreten, da es ja diesmal nicht erst einen Papst zu beerdigen gab? Kurienkardinäle drängten dem Vernehmen nach zur Eile: Eine vorgezogene Wahl hätte, so argumentierten sie, den Vorteil, dass die Wähler rechtzeitig zu den Kar- und Osterfeiern wieder in ihren Bistümern sein würden. Auch der Gewählte hätte dann mehr Zeit, sich auf die Feiern in Rom vorzubereiten. Und außerdem tue eine allzu ausgedehnte papstlose Zeit mit all den Debatten, die sie mit sich bringe, der Kirche nicht unbedingt gut.

Doch gerade Kardinäle, die in aller Welt Bistümer leiteten, widersprachen dieser Rechnung. Sie brauchten alle Zeit zum Nachdenken und um sich gegenseitig kennenzulernen; es gebe angesichts der Neuheit der Lage zu viel Weitreichendes zu entscheiden, da dürfe nichts übers Knie gebrochen werden. Hinter diesen Erwägungen stand unausgesprochen auch, dass die Nichtitaliener sich nicht von den Kurialen mit einem Kandidaten, der diesen genehm wäre, überrumpeln lassen wollten; sie brauchten die Zeit, um eigene Vorschläge zu sammeln. „Viele von uns sind besorgt", sagte der Bostoner Kardinal Sean Patrick O'Malley, „dass sich dann eben das Konklave in die Länge zieht, wenn wir vorher nicht in Ruhe miteinander reden". Kardinal Walter Kasper, der Älteste bei der anstehenden Papstwahl, trat ebenfalls dafür ein, „dass wir uns vor dem Konklave Zeit nehmen". „Nicht, um die Probleme zu lösen, sondern um zu überlegen, was für eine Art von Papst wir jetzt brauchen. Ich denke, das sollten wir jetzt nicht in Eile machen." Aus seiner Sicht gehe es nicht nur darum, „eine Person zu wählen", die Probleme in der Weltkirche seien für einen Einzelnen zu groß. „Der braucht mehrere um sich herum, es braucht ein Gremium von Kardinälen und Bischöfen und vielleicht auch Laien! Darauf käme es mir an: den Papst nicht allein zu lassen. Vielleicht könnte man da ein wenig etwas vorbereiten?"

Papstsprecher Federico Lombardi ließ acht Tage vor Ende des Pontifikats wissen, Benedikt denke über eine Änderung der Papstwahlordnung in letzter Minute nach; die Änderung kam dann auch mit einem sogenannten Motuproprio am Montag von Papst Benedikts letzter Dienstwoche. Der Text stellte es den Kardinälen frei, mit einem Konklave früher anzufangen, falls die Anwesenheit aller Wähler festgestellt werde. Gleichzeitig verschärfte er aber die Sanktionen, falls ein Vatikanmitarbeiter sein Schweigegebot zu den Vorgängen im Konklave brechen sollte: Der Schuldige zöge sich damit automatisch die Exkommunikation zu. Bisher war in den Normen nur von „schwerwiegenden Strafen nach Ermessen des künftigen Papstes" die Rede gewesen.

Benedikts „letzter Wille"?

Wer nach Indizien forschte, welche Art Nachfolger der scheidende Papst selbst sich wünsche, der wurde tatsächlich fündig. Benedikt hatte doch bei der letzten „Kreierung" von Kardinälen im Herbst 2012 erstmals nicht einen einzigen Europäer in den – wie eine US-Nachrichtenagentur einmal formulierte – „exklusivsten Männerklub der Welt" aufgenommen, sondern stattdessen fünf Kirchenleute aus Entwicklungs- oder Schwellenländern: einen Libanesen, einen Inder, einen Nigerianer, einen Kolumbianer

Kardinal Tarcisio Bertone, langjähriger Weggefährte Joseph Ratzingers, war als Kardinalstaatssekretär zweiter Mann im Vatikan hinter Benedikt. Während der papstlosen Zeit kam ihm als *Camerlengo* (Kämmerer) die provisorische Leitung der Kirche zu. Nach dem Pontifkatsende versiegelte er am Abend des 28. Februar die päpstlichen Räume im Apostolischen Palast.

und einen Filipino. (Der sechste in diesem letzten Konsistorium zum Kardinal Erhobene war ein US-Amerikaner.) Das könne man doch, so vertraute der nicht mehr wahlberechtigte Kardinal Paul Poupard der *Sunday Times* an, als eine Art „letzten Willen" Benedikts deuten. Ein nichteuropäischer Papst also.

Mit demselben Recht ließen sich allerdings auch Fingerzeige Benedikts auf einen Kandidaten aus Europa ausmachen. Auf den Mailänder Kardinal Angelo Scola etwa, den der scheidende Stellvertreter Christi zusammen mit ein paar weiteren lombardischen Bischöfen in einer seiner letzten Audienzen empfing. Oder auf Kardinal Gianfranco Ravasi, seinen „Kulturbeauftragten", den er als Prediger für seine letzten Fastenexerzitien mit der Kurie verpflichtete. Ravasi verglich den scheidenden Papst mit Mose, der sich zum Gebet auf einen Berg zurückzog; und wie auf wunderbare Weise tauchte dieselbe Metapher ein paar Tage später in Benedikts Ansprache vor seinem letzten Angelusgebet wieder auf. „Der Herr ruft mich, den Berg hinaufzusteigen, mich noch mehr dem Gebet und der Betrachtung zu widmen." War das ein Verweis auf eine besondere Nähe zu Ravasi, ein Wink, dass dieser sein Favorit war?

Es hatte in seinen letzten zwei Amtswochen zunächst den Anschein, als werde sich der Schatten des zurücktretenden Papstes über das Konklave legen. Praktisch alle wahlberechtigten Kardinäle waren entweder von Benedikt XVI. ernannt oder von ihm als Präfekt der Glaubenskongregation für

„Ich bitte euch, vor Gott meiner zu gedenken und vor allem für die Kardinäle zu beten, die zu einer so bedeutenden Aufgabe gerufen sind, und für den neuen Nachfolger des Apostels Petrus: Der Herr begleite ihn mit dem Licht und der Kraft seines Geistes."

Benedikt XVI. in seiner letzten Generalaudienz am 27. Februar 2013.

diesen Rang empfohlen worden; wer von ihnen würde es wagen, unter diesen einmaligen Umständen für einen Kandidaten zu stimmen, der nicht im Sinn des alten Papstes wäre? Aber dieses Grundgefühl verflüchtigte sich angesichts der Überlegung, dass Benedikts spektakulärer Abgang doch zum noch nie Dagewesenen ermunterte. Dieses Pontifikat war nicht mit einem Punkt zu Ende gegangen, sondern mit einem Ausrufezeichen. Ein Risiko-Rücktritt verdiente eine Risiko-Wahl, verdiente es, das Konklave anders anzugehen als unter normalen Umständen.

Und außerdem – darauf machte der US-amerikanische Vatikan-Korrespondent John L. Allen Jr. aufmerksam – fehlte diesmal der Effekt eines Papstbegräbnisses, der die Hinterbliebenen psychologisch zu einer Wahl im Sinne des Verstorbenen verpflichtete. Papst-Rücktritt statt Tod, das hatte eine Tür aufgestoßen. Jetzt war alles möglich.

Der Schatten der Missbrauchsskandale

Nicht Benedikts Schatten legte sich über die bevorstehende Wahl, sondern der lange Schatten der Missbrauchsskandale. Es begann damit, dass eine Gruppe von US-Katholiken im Internet eine Petition veröffentlichte, der zufolge Kardinal Roger Michael Mahony von der Papstwahl ausgeschlossen werden solle. Der frühere Erzbischof von Los Angeles hatte eingestanden, in seiner Amtszeit Pfarrer versetzt zu haben, um sie vor einer drohenden Strafverfolgung wegen Kindesmissbrauchs im Bundesstaat

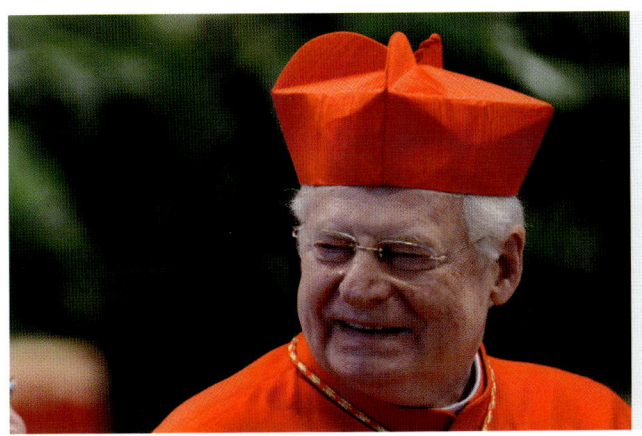

Lange schien es auf ihn hinauszulaufen: Kardinal Angelo Scola, Erzbischof von Mailand. Im Gratulationstelegramm, das die Italienische Bischofskonferenz nach der Wahl an Franziskus schickte, stand versehentlich noch sein Name.

Auch er ein Hoffnungsträger der Lateinamerikaner: der als papabile geltende Erzbischof von São Paulo, der deutschstämmige Kardinal Odilo Scherer.

Der älteste Teilnehmer am Konklave: der deutsche Kardinal Walter Kasper, früher in der katholischen Kirche für die Ökumene und den Dialog mit den Juden verantwortlich.

Kurz vor dem Pontifikatsende hielt Kardinal Gianfranco Ravasi vom Päpstlichen Kulturrat die Fastenexerzitien für den Papst und seine engsten Mitarbeiter – ein Fingerzeig? Hinter der offenen Tür zum Nebenraum hört Benedikt XVI. zu.

Kalifornien zu schützen. Doch er habe dazugelernt, verteidigte sich Mahony, und als er 2011 sein Bistum dem Nachfolger übergeben habe, sei doch der Umgang mit Missbrauchsfällen längst tadellos gewesen. Die Sache fand einiges Interesse in US-Medien; Mahony solle „froh sein, dass er nicht im Gefängnis sitzt", urteilte die *Washington Post*.

Im Vatikan wurde darauf aufmerksam gemacht, dass es in den bisher 74 Konklaven der Geschichte noch nie vorgekommen war, dass ein wahlberechtigter Kardinal „freiwillig" fehlte. Gründe für ein

> „Ich versichere, dass ich dem meine Stimme gegeben habe, den ich am meisten geeignet nach dem Willen Gottes finde."
> *Wort der Kardinäle bei der Stimmabgabe*

Fernbleiben in der Sixtina waren bisher meistens gesundheitlicher Natur gewesen; oder Kardinäle schafften es nicht, rechtzeitig anzureisen. Das war zuletzt 1922 nordamerikanischen Kardinälen passiert, die per Schiff nach Europa unterwegs waren. Oder aber – dritte Möglichkeit – ein Regime hinderte einen Wahlberechtigten an der Ausreise; dem ungarischen Kardinal József Mindszenty war das während des Kalten Krieges gleich zwei Mal widerfahren. Doch wegen des Drucks in der Öffentlichkeit nicht an der Papstwahl teilzunehmen? Das wäre ein Novum.

Mit einer scharf formulierten Erklärung wies das vatikanische Staatssekretariat alle Versuche zurück, Druck auf das kommende Konklave auszuüben. Der Heilige Stuhl habe „immer schon in der Geschichte die Freiheit des Kardinalskollegiums zur Wahl des Papstes verteidigt"; nur diese Freiheit stelle sicher, „dass die Papstwahl auf Überlegungen

basiert, bei denen es allein um das Wohl der Kirche geht". Doch das Statement konnte nicht verhindern, dass zwei Tage später doch ein Kardinal auf seine Teilnahme am Konklave verzichtete. Es war allerdings nicht Mahony, sondern der einzige Papstwähler von den Britischen Inseln, Kardinal Keith Michael Patrick O'Brien von Edinburgh. Mehrere Priester seines Erzbistums hatten ihm schweres Fehlverhalten vorgeworfen, woraufhin der in diesem Moment noch amtierende Papst seinen „Rücktritt aus Altersgründen" vom Amt des Erzbischofs angenommen hatte. Ins Konklave hätte O'Brien dennoch einziehen dürfen, wenn er nicht von sich aus abgesagt hätte. Der Kardinal gestand ein, er habe ein sexuelles Verhalten an den Tag gelegt, „das unter den erwarteten Standards war", und bat „die Opfer, die katholische Kirche und die Schotten" um Entschuldigung.

Zum ersten Mal in der neueren Geschichte zwang damit öffentlicher Druck einen Kardinal, einem Konklave fernzubleiben. Weil außerdem ein indonesischer Kardinal signalisierte, aus Krankheitsgründen nicht kommen zu können, sank die Zahl der Papstwähler im 2013er-Konklave dementsprechend von 117 auf 115. Ihr Durchschnittsalter: 72 Jahre.

Längst hatten italienische Medien auch noch weitere *Impresentabili* im Kardinalskollegium identifiziert, aus den USA, aus Chile, aus Italien. Zusätzlich zirkulierte, dass der jüngere Bruder des kanadischen Kardinals Marc Ouellet einmal wegen der Belästigung von Minderjährigen zu gemeinnütziger Arbeit verurteilt worden war. Ein weiterer *Papabile* aus Nordamerika geriet ins Fadenkreuz, als die Polizei am 20. Februar Kardinal Michael Timothy Dolan von New York verhörte zu seinem Umgang mit Missbrauchsfällen in der Zeit, als er noch das

Alles bereit: Beim päpstlichen Schneider hängen die Gewänder schon Tage vor der Wahl in Klein, Mittel und Groß im Schaufenster.

Erzbistum Milwaukee geleitet hatte. Und schließlich sorgte der aus Ghana stammende Kurienkardinal Peter Turkson gegen seinen Willen dafür, dass das Thema Missbrauch im Zusammenhang mit dem Konklave genannt wurde. In einem CNN-Interview brachte der als papabel geltende Turkson Kindesmissbrauch in Zusammenhang mit Homosexualität.

Generalkongregationen

Am Montag, dem 4. März 2013, trat im Vatikan hinter verschlossenen Türen die erste Vollversammlung von Kardinälen zusammen. Eine organisatorische Vorbereitung des Konklaves wollten die Teilnehmer (es waren am ersten Tag 142 Kirchenfürsten, davon 103 wahlberechtigte) leisten, eine Reflexion über die Lage der Kirche anstellen, eine Skizze des Oberhauptes zeichnen,

„Unter euch, im Kardinalskollegium, ist auch der künftige Papst, dem ich schon heute meine bedingungslose Ehrerbietung und Gehorsam verspreche."
Benedikt XVI. während des Abschiedstreffens mit den Kardinälen am 28. Februar 2013

das jetzt gebraucht würde. Doch viele Kardinäle „von außerhalb" hatten zunächst einmal kritische Fragen zum Vatileaks-Skandal um gestohlene Dokumente vom Papst-Schreibtisch und zum schlechten Funktionieren der römischen Kurie auf dem Herzen. Sie hofften darauf, sagte der honduranische Kardinal Óscar Andrés Rodríguez Maradiaga, in der Generalkongregation etwas über die Hintergründe von Vatileaks zu erfahren. Die drei Kardinäle, die für Benedikt XVI. in dieser Angelegenheit ermittelt und darüber einen vertraulichen Bericht zusammengestellt hatten, durften zwar wegen zu hohen Alters nicht mehr ins Konklave einziehen, aber sehr wohl an den vorbereitenden Kardinalstreffen teilnehmen. „Da kann man sie doch um einige Informationen zum Inhalt ihres Dossiers bitten", meinte der brasilianische Kardinal Raymundo Damasceno Assis.

Schon bei der ersten Vollversammlung, so behauptete die italienische Tageszeitung *La Stampa*, verlangten also die Kardinäle Christoph Schönborn (Wien), Péter Erdö (Budapest) und Walter Kasper (Kurie) Auskunft über den Geheimbericht. US-Kardinäle hielten trotz ihres Eides, der sie eigentlich zur Geheimhaltung verpflichtete, mehrere Pressekonferenzen ab, auf denen sie ankündigten, auch sie wollten in dieser Angelegenheit „den beteiligten Kardinälen ein paar Fragen stellen". Doch ob die drei Ermittler-Kardinäle darauf antworteten, durfte Vatikansprecher Lombardi der Presse nicht verraten – wegen der Geheimhaltung. Nach Angaben der Tageszeitung *La Repubblica* gab lediglich einer der Detektiv-Kardinäle, der Spanier Julián Herranz Casado, zu verstehen, über Kardinäle hätten die Nachforschungen der Ermittler im Vatikan nichts Nachteiliges ergeben. Das habe, so die Zeitung, im Plenum zu ungläubigem Kopfschütteln geführt.

Er könne „bezeugen", sagte Kardinal Christoph Schönborn in einem Presse-Statement, „dass sich die Kardinäle der ernsten Situation, in der sich die Kirche befindet, bewusst sind" und dass „Fehler und Versagen ... offen zur Sprache kamen". Benedikt XVI. habe sein Pontifikat nicht mehr „vor der Kurie retten" können, formulierte US-Kardinal Sean Patrick O'Malley angeblich während einer Generalkongregation.

Doch wichtiger als Vatileaks, so betonte der kolumbianische Kardinal Rubén Salazar Gómez, sei das Thema Neuevangelisierung. Schließlich sei

Auf dem Weg zu den Beratungen vor der Papstwahl: ein argentinischer Kardinal namens Jorge Bergoglio.

die Kirche „viel mehr und viel Größeres als diese kurieninternen Dinge". Der tschechische Primas Dominik Duka äußerte, nicht Vatileaks, sondern „Entchristianisierung" und „Familie" seien die zentralen Themen, über die sich das Debattieren lohne, und der Bostoner Kardinal O'Malley nannte Kampf gegen Missbrauchsskandale und die Beziehungen zum Islam als wichtigste Punkte. Wenn schon über eine nötige Kurienreform nachgedacht würde, so vertraute ein Kardinal der Tageszeitung *La Stampa* an, dann vor allem, um das „Reinigungswerk" von Benedikt XVI. fortzusetzen und die Kurie wieder stärker auszurichten auf den Dienst, den sie zu leisten habe: „Sie regiert nicht die Kirche, sondern dient dem Papst und der Neuevangelisierung." Auch der künftige Papst solle übrigens, so der ungenannte Kardinal, „kein Sheriff" sein, sondern ein „Hirte" und „Gottesmann".

Der italienische Kurienkardinal Francesco Coccopalmerio trat dem Vernehmen nach in seiner Wortmeldung während einer Generalkongregation für ständige Absprachen und Konferenzen des Papstes mit den Leitern der vatikanischen Dikasterien, also der Kurienbehörden, ein. Damit sprach er vielen aus dem Herzen. „Was mich hier in Rom wirklich wundert", vertraute US-Kardinal Daniel DiNardo Radio Vatikan an, „ist, dass die einzelnen Büros der Kurie nebeneinanderher arbeiten, ohne sich zu koordinieren, wie man das von jeder Bistumskanzlei erwarten würde!" Deutlich über 100 Kardinäle schrieben sich in die Rednerlisten ein und hielten Kurzvorträge zu disparaten Themen, von der

Bioethik über den Islam bis zur Rolle von Frauen in der Kirche; viele erinnerte das thematische Durcheinander an vatikanische Bischofssynoden. „Alle heißen Themen wurden wirklich schonungslos angesprochen", beteuerte ein Teilnehmer im privaten Gespräch, „aber es kam überhaupt keine Antwort. Da wurden Fragen zu Vatileaks und Ähnlichem gestellt, und die Kurienverantwortlichen hörten sich das einfach an und reagierten nicht." Immerhin hielten mehrere Kuriale, unter ihnen der Camerlengo Tarcisio Bertone, kurze Vorträge zur wirtschaftlich-finanziellen Lage des Heiligen Stuhls und, in der allerletzten Generalkongregation, zur sogenannten Vatikanbank IOR. Dabei gab es angeblich Beifall für mehrere Kardinäle, die eine offene Debatte über die Zukunft der Bank forderten.

Bei den Überlegungen, wer der nächste Papst sein könnte, begann auch eine Rolle zu spielen, mit welchem Kardinalstaatssekretär, also zweitem Mann, zu rechnen wäre. Den Kurialen rund um die Kardinäle Tarcisio Bertone und Giovanni Battista Re wurde nachgesagt, dass sie sich für den deutschstämmigen Erzbischof von São Paulo in Brasilien, Odilo Pedro Scherer, als Papst einsetzten, weil dieser dann einen Italiener als seinen Kardinalstaatssekretär berufen würde. Die „Reformer" – diesem Lager rechneten Vatikanbeobachter vor allem ausländische Kardinäle und namentlich die US-amerikanischen zu – sähen dagegen den Mailänder Erzbischof Angelo Scola als ihren Papst-Kandidaten, weil dieser mit den Umtrieben an der Kurie in den letzten Jahren nichts zu tun gehabt habe.

„Scola hat schon etwa 40 Stimmen sicher", rechnete *La Repubblica* während der Generalkongregationen, „Kardinäle aus Mitteleuropa, aber auch einige US-Amerikaner, unterstützen ihn, er ist die erste Wahl der Reformer gegen die rö-

mische Partei. Auf der einen Seite also die Reformer, in der Regel Ausländer, die angesichts von Vatileaks und einer ungenügenden vatikanischen *Governance* urteilen, die Zeit für einen radikalen Wechsel in der Führung der Kirche sei jetzt reif. Auf der anderen Seite die römische Partei, vor

> „Es würde mich nicht wundern, wenn in den nächsten 50 bis 100 Jahren mehrere Päpste aus Südamerika gewählt würden."
> *Kardinal George Pell von Sydney vor dem Konklave*

allem von Italienern gebildet, von der römischen Kurie nämlich, die sich dem Wandel widersetzt." Alles werde im Konklave „davon abhängen, wie sich diese beiden Blöcke zueinander verhalten".

Zwei paradoxe Blöcke: Ausländer, die auf einen Italiener, und Italiener, die auf einen Ausländer setzen. Er habe „richtig Angst", so ein Kardinal in einem Hintergrundgespräch, „dass wir jetzt ins Konklave gehen und der Kandidat, den die Kurie haben will, schon mit ein paar Dutzend Stimmen startet. Und die ziehen das dann durch, bevor ein anderer Kandidat aufgebaut werden kann."

„Die Kardinäle sind alle echt"

Am Dienstag, 5. März, waren schon alle Wahlberechtigten bis auf fünf in Rom eingetroffen; die Kardinäle schickten ein Grußtelegramm an Benedikt XVI. nach Castelgandolfo (den ein Paparazzo-Foto beim Spaziergang im dortigen Park zeigte) und beschlossen, zwei Nachmittagssitzungen ausfallen zu lassen. Nur nichts überstürzen, schien das zu bedeuten. Zugleich aber wurde die Sixtinische Kapelle am Dienstagmittag für den Besucherverkehr geschlossen und zum Konklave, für das es noch kein Datum gab, zugerüstet. Es war schon das 25. Mal, dass in der

Sixtina ein Konklave stattfand, auch wenn sie erst 1996 von Johannes Paul II. offiziell zum Schauplatz von Papstwahlen bestimmt worden war.

Vielen in der Kurie war das Diskutieren der Kardinäle über Reformen und Skandale sowie das begleitende Mediengetöse nicht geheuer. Der Kardinalkämmerer Tarcisio Bertone zeigte sich ungehalten, dass der Redebeitrag seines brasilianischen Purpur- und Kurienkollegen João Braz de Aviz an die Presse durchgesickert war; der Gescholtene verteidigte sich unter dem spontanen Applaus der Synodenaula, in der das Treffen stattfand – und der Zwist landete prompt wieder in den Medien. Was die Sache natürlich nicht besser machte.

Die Generalkongregationen seien kein Konzil und keine Bischofssynode, sie sollten sich auf die Vorbereitung der Papstwahl beschränken, mahnten Kurienverantwortliche. Und das Konklave selbst sollte dann „vor allem ein Gebetsereignis sein", wie Bischof Juan Ignacio Arrieta, der zweite Mann des Päpstlichen Rates für Gesetzestexte, in Radio Vatikan ausführte: „Es folgt einem eigens für die Papstwahl geschaffenen liturgischen Text, dem *Ordo rituum conclavis*." Kardinäle, die schon einmal an einer Papstwahl teilgenommen hatten, erinnerten sich denn auch an die vielen Rosenkränze, die sie in den Wartezeiten während der langwierigen Wahlgänge gebetet hatten. „Das mag etwas seltsam erscheinen", so Wiens Kardinal Christoph Schönborn, „aber man geht ja auch bewusst in eine Kapelle. Es geht ja bei

Auf dem Weg zu den Beratungen vor dem Konklave: Kardinal Bergoglio hebt den heruntergewehten Pileolus, das rote Käppi, des kanadischen Kardinals Marc Ouellet auf.

der Papstwahl darum, im Gebet herauszufinden, wer der von Gott Erwählte ist." Auch die Kardinäle des Vorkonklaves wollten ein Gebetssignal geben; sie trafen sich dazu am Mittwochabend im Petersdom. Die über 5.000 Journalisten aus mehr als 60 Ländern aber, die sich beim Vatikanischen Pressesaal akkreditiert hatten, waren am Beten weniger interessiert als an Spekulationen über den künftigen Papst oder an „bunten" Stories. Sie berichteten also ausführlich über den Deutschen, der sich als Bischof verkleidet unter die zusammenströmenden Kardinäle gemischt hatte, bis die Schweizergarde ihn endlich hinauskomplimentierte. Papstsprecher Federico Lombardi wollte die Episode nicht kommentieren, er bemerkte nur: „Die Kardinäle sind alle echt."

Am Donnerstag, dem 7. März, waren alle Papstwähler in Rom eingetroffen, am Freitag wurde über den Beginn des Konklaves abgestimmt. Die Wahl fiel mit großer Mehrheit auf den ersten der von Kardinal Angelo Sodano vorgeschlagenen Termine, nämlich Dienstag, den 12. März: für Vatikansprecher Federico Lombardi ein Beleg, dass es mit der Uneinigkeit zwischen Kurien- und auswärtigen Kardinälen doch nicht so weit her sein könne. Lombardi rechnete mit einem vergleichsweise kurzen Konklave, wie meistens in den letzten hundert Jahren. Zog ein Kandidat 77 Stimmen auf sich, dann war er gewählt.

Zwei Tage vor Beginn der Papstwahl, am Sonntag, feierten die Kardinäle in römischen Kirchen die heilige Messe; ihre sogenannten Titelkirchen, von denen jedem Kardinal im Moment seiner Erhebung durch den Papst eine zugewiesen wird, erinnern heute noch daran, dass das erste Papstwahlgremium einfach aus den Geistlichen an den wichtigsten römischen Kirchen bestand. Am Sonntagmittag konnte ich mit einer Gruppe von US-Journalisten für eine halbe Stunde die Sixtini-sche Kapelle besuchen, in der die Arbeiten so gut wie abgeschlossen waren. Gleich links hinter der Eingangstür standen zwei graue, etwa einen Meter hohe Öfen; der rechte von den beiden diente dazu, die Stimmzettel der Kardinäle zu verbrennen; er trug eingraviert, wenn auch schwer lesbar, die Daten der Papstwahlen von 1939 bis 2005, bei denen er schon im Einsatz war. Der linke Ofen sollte mit einem chemischen Zusatz dafür sorgen, dass die Rauchzeichen, die die Wähler aus der abgeriegelten Kapelle nach außen geben würden, auch wirklich schwarz beziehungsweise nach der erfolgreichen Wahl eines neuen Papstes weiß erscheinen würden. Die kupferglänzenden Rohre beider Öfen liefen zusammen und dann die Wand der Kapelle hoch; ein nüchternes Gestänge hielt die Rohre aufrecht.

Zwischen Michelangelos *Jüngstem Gericht* an der Stirnwand der Kapelle und der Renaissance-Marmorschranke hatten die Arbeiter den Boden erhöht und die Wände entlang zwei Reihen von Tischen und Stühlen aufgestellt. Die Szenerie erinnerte entfernt an einen Bankettsaal, wahrscheinlich wegen der beigen Tischtücher. Ziemlich eng würden die 115 Papstwähler sitzen, wie mir auffiel; vor sich Namensschildchen, eine schicke Mappe aus rotem Leder mit gold aufgeprägtem Sedisvakanz-Wappen, in der vermutlich die Wahlzettel steckten, einen blauen Kuli sowie, jeweils grün eingebunden, eine Bibel, eine Konklaveordnung und den *Ordo rituum conclavis*.

Alle hinaus!

Am Dienstag, dem 12. März, bezogen die Wahlkardinäle die Zimmer im Vatikan-Hotel *Santa Marta*, die ihnen per Los zugefallen waren und in denen sie während des Konklaves, streng von der Außenwelt abgeschirmt, wohnen sollten. Per Bus oder zu Fuß würden sie, von Vatikangendarmen bewacht, von

Auf Videowänden verfolgen Menschen auf dem Petersplatz die Eröffnung des Konklaves.

hier aus zur Sixtina pendeln und zurück. Zunächst
gab es aber noch eine letzte große „Messe für den
zu wählenden Papst" *(Missa pro eligendo pontifice)*,
zu der sie sich mit ernsten Mienen und in roten
Messgewändern in Sankt Peter trafen. Acht Jahre
war es her, dass hier der damalige Kardinaldekan
Joseph Ratzinger gepredigt und mit scharfen Worten gegen die um sich greifende Beliebigkeit eine
Vorabversion seines Regierungsprogramms geliefert
hatte. Heute aber predigte Angelo Sodano. Der Leiter des Kardinalkollegiums, der aus Altersgründen
nicht mitwählen durfte, verbreitete, auch wenn er
von einem künftigen „Papst mit großzügigem Herzen" redete, eine bleierne Stimmung. Als er vom
„leuchtenden Pontifikat" Benedikts XVI. sprach,
gab es eine Minute lang Beifall; ansonsten war
das Bemerkenswerte an der Predigt, dass sie so
gar nicht an den Ratzinger'schen Stil anknüpfte.

Die Messe wurde über Großbildschirme
auf den Petersplatz übertragen, wo viele Menschen stehengeblieben waren, um zuzusehen.
Kameraleute umkreisten einen grauhaarigen
Mann, der barfuß und mit einem Büßerge-
wand angetan auf dem Platz kniete. Dann fegte
ein plötzlicher Regenschauer die Piazza leer.

„Scola hat schon 50 Stimmen", behauptete der
Corriere della Sera aus Mailand, der Bischofsstadt
von Kardinal Angelo Scola, an diesem Dienstag.
Und im Kleingedruckten: „Wenn bis Donnerstag
niemand gewählt ist, könnte die Stunde eines Out-
siders schlagen." *La Repubblica* wollte Angelo Scola
hingegen höchstens 40 Stimmen zugestehen. Der

Erzbischof von São Paulo, Odilo Pedro Scherer, kam nach ihren Spekulationen auf 15 bis 18 Stimmen, der New Yorker Erzbischof Timothy Michael Dolan, der auch die US-Bischofskonferenz führt, auf 10 bis 15 und der Kanadier Marc Ouellet, der bis zum Rückzug Benedikts XVI. die Bischofskongregation geleitet hatte, auf 5 bis 10. Der Name Bergoglio tauchte in dem Schema nicht auf.

Am Nachmittag zogen die 115 Wähler feierlich unter dem Gesang der Allerheiligenlitanei und des *Veni Creator Spiritus (Komm, Schöpfer Geist)* in die Sixtinische Kapelle ein, einen Kreuzträger voran. Sie verneigten sich vor dem Altar und schworen einer nach dem anderen, die Hand auf dem aufgeschlagenen Evangelium, die Konklaveordnungen peinlichst einzuhalten, die Freiheit der Kirche zu wahren und „keinerlei Verschwörung" oder „Opposition" zu unterstützen. „Vor allem aber versprechen und schwören wir, äußerst gewissenhaft und gegenüber allen, Geistlichen wie Laien, das Geheimnis zu wahren über alles, was in irgendeiner Weise die Wahl des römischen Bischofs betrifft" und „dieses Geheimnis in keiner Weise zu verletzen – nicht während und auch nicht nach der Wahl des neuen Papstes". Das Vatikanfernsehen zeigte, wie die rotgekleideten Kardinäle ihre Plätze einnahmen; einige von ihnen reckten die Köpfe, um Michelangelos Deckenfresken mit Szenen aus dem Buch Genesis zu betrachten. Den Vorsitz hatte der älteste wahlberechtigte Kardinalbischof, der Italiener Giovanni Battista Re.

Extra omnes! Alle hinaus! Mit dieser althergebrachten Formel schloss Vatikan-Zeremonienmeister Guido Marini um 17.43 Uhr die Türen der Sixtinischen Kapelle. Nun waren die Wähler allein. Und den von der Wahl Ausgesperrten blieben nur noch Mutmaßungen darüber, wie die Abstimmungen ausfallen würden. An normalen Wahltagen sollte es

zweimal ein Rauchzeichen aus der Kapelle geben; das ließ sich über einen auf das Dach aufgesetzten kleinen Schornstein vom Petersplatz aus beobachten, mittags und abends. 60 Kardinäle aus Europa saßen in der Sixtina und stimmten ab; mit 19 Kardinälen waren die Lateinamerikaner die zweitstärkste kontinentale Gruppe, gefolgt von 14 Nordamerikanern, unter ihnen Roger Mahony, der trotz der gegen ihn gerichteten Online-Kampagne nach Rom gekommen war. 67 der Papstwähler waren von Benedikt XVI. kreiert worden, den übrigen 48 hatte schon Johannes Paul II. das rote Birett aufs Haupt gedrückt.

„Es hat viel von demokratischen Verfahren in sich, aber der Raum prägt natürlich doch den Grundcharakter der Verfahren", hatte Kardinal Karl Lehmann aus Mainz, der zum zweiten Mal an einer Papstwahl teilnahm, im Gespräch mit Radio Vatikan kurz vor Beginn des Konklaves formuliert. „Es ist für mich auch ein ganz wichtiges Zeichen, dass man – wenn man den Stimmzettel in den Kelch oder die Urne hineingibt – einen ganz kurzen Satz spricht, in dem man sagt: ‚Ich versichere, dass ich dem meine Stimme gegeben habe, den ich am meisten geeignet nach dem Willen Gottes finde.' Das geht einem schon durch Mark und Bein." Man frage sich dann, „was das Maß ist, an dem ich den Menschen da gemessen habe".

„Es gibt auch dadurch, dass das Ganze relativ langsam geht und keine Eile und keine Hektik da ist, eine gewisse Ruhe", so Kardinal Lehmann. „Jeder geht vor, es gibt also schon eine meditative Grundstimmung dadurch, dass man sich da langsam nähert und zurückgeht. ... Wenn ich mich an das letzte Mal erinnere: Man kann mit etwas unterdrückter Stimme mit dem Nachbarn reden, es ist also nicht einfach nur ein stummes Dasitzen. Aber andererseits gibt es auch auf keinen Fall irgendein Palaver." Reden oder gar Debatten sind im Konklave verboten, die einzigen Geräusche sind die Schritte

Auftakt zur Papstwahl: Die Kardinäle in der *Missa pro eligendo Pontifice*, der Messe für den zu wählenden Papst, am Grab des heiligen Petrus im Petersdom unter der Leitung von Kardinaldekan Angelo Sodano.

der Wählenden, die einförmigen Schwüre, das Rosenkranzgemurmel. „Insofern fand ich es eigentlich enorm gut, dass dieser Raum von selbst doch eine gewisse Stimmung verursachte." Die Wähler, die den Blick schweifen lassen, treffen auf die prallen Szenen von Michelangelos *Jüngstem Gericht:* Jesus mit herrischer Geste, verzweifelnde Sünder, Engel mit Posaunen, ängstliche Gesichter. „Man muss sich vor dem verantworten, der als Richter vor einem ist. Das ist ja nun so groß und so mächtig und so eindrucksvoll, dass es einem nicht entgehen kann."

Der Mainzer Kardinal hatte sich vorgenommen, wie schon vor acht Jahren in seinen freien Stunden während des Konklaves das Büchlein *De consideratione* des Bernhard von Clairvaux aus dem 12. Jahrhundert zu lesen. „Es ist unglaublich, wie nüchtern er beurteilt, wie Menschen verführt

werden können in solchen Positionen. Da wird man doch sehr nachdenklich." Was er ansonsten tun wollte nach den Wahlgängen? „Man fragt sich da schon, wie man den Tag beurteilt, was man gewonnen und was falsch gemacht hat. ... Am Ende habe ich die Hoffnung und die Zuversicht, dass Gott seinen Segen zum Gewählten gibt, aber erkennen kann man das nicht." Nervös sei er nicht, so Kardinal Lehmann vor Beginn der Papstwahl, aber „Freuen wäre auch zu viel gesagt". Denn „gerade, wenn man noch keine innere Gewissheit hat, wem man die Stimme geben soll, ist da schon auch ein Schaudern in einem ..."

Am ersten Wahltag, dem Dienstag, kam um 19.41 Uhr das erste Rauchzeichen aus der Sixtina. Pechschwarz. Benedikt XVI. sah's von Castelgandolfo aus am Fernseher.

Christus verkünden:
Gottesdienst unter
freiem Himmel (Auf-
nahme von 1998).

Der Bischof vom Ende der Welt

Er liebt den Tango, ist ausgebildeter Chemiker und hatte in seiner Jugend eine Freundin: Franziskus hat für einen Papst eine ungewöhnliche Biografie. Seine Vorfahren kommen aus Italien, aber er hat Argentinien selten verlassen. Umstritten ist seine Rolle in der Zeit der argentinischen Militärdiktatur; als Bischof erwies er sich als Freund der Armen. Oft besuchte er die Elendsviertel am Rand von Buenos Aires. Als Grabspruch wünschte er sich „Jorge Bergoglio, Priester".

„Mietet eine Garage, wenn ihr könnt"

Der neue Papst „wird uns alle überraschen", sagte der Kölner Kardinal Joachim Meisner in der Nacht nach dem Konklave. Aber „der wird natürlich viel aus seinem Leben erzählen müssen, das ist wahrscheinlich der Nachteil." Dieser „Nachteil" machte sich schon bald bemerkbar: Kaum einer kannte Jorge Mario Bergoglio, der Informationsbedarf war ungeheuer. Schon in den Stunden nach der Wahl begannen einige Medien bohrende Fragen nach dem Verhalten des heutigen Papstes zur Zeit der argentinischen Militärdiktatur zu stellen. Aber auch davon abgesehen forschten nun viele Journalisten nach Geschichten und Eindrücken aus dem Leben von Papst Franziskus. Was sie zutage förderten, war das Bild eines nüchternen Jesuiten, der auch als Erzbischof von Buenos Aires auf einen Dienstwagen verzichtet hatte, um stattdessen lieber mit der *Subte,* der Metro zu fahren. Viele *Porteños,* also Einwohner von Buenos Aires, hatten ihn in einfacher schwarzer Soutane durch die Stadt laufen sehen, kaum einer hatte ihn hingegen mal auf einem mondänen Empfang erlebt. Er war eine Zeitlang angeblich passionierter Raucher gewesen; er liebte Tango („der kommt bei mir von innen drin"), er mag Friedrich Hölderlin und Jorge Luis Borges, den Oscar-prämierten dänischen Film *Babettes Fest* und die Musik Beethovens.

Vor allem aber hatte dieser Mann das Hohelied der Einfachheit und Armut nicht erst von der Mittelloggia von Sankt Peter aus gesungen, sondern zuvor schon in seiner Zeit am Ende der Welt. Er bewohnte nicht seine Amtsräume in der Erzbischöflichen Residenz, sondern nur eine kleine Einliegerwohnung, er machte sich selbst das Bett, wusch seine schmutzigen Strümpfe selbst, kaufte im Supermarkt ein, und in seiner freien Zeit ging er immer wieder zu den *villas miserias* an der Peripherie hinaus.

„Ich glaube an den Menschen", sagte er, „ich sage nicht, der Mensch sei gut oder schlecht, sondern: Ich glaube an ihn, an seine Würde und Größe." Der Mann, der jetzt Papst war und den kaum jemand kannte, stellte sich als ein einfacher und tiefgläubiger Mensch heraus, der die Barmherzigkeit Gottes zu den Menschen bringen wollte. *Offener Geist und gläubiges Herz* heißt das letzte von etwa einem Dutzend Bücher, die er geschrieben hat; so sah er sich offenbar selbst. Allerdings vermutete die *Frankfurter Allgemeine Zeitung,* dass Bergoglio „hinter der milden Maske eines barmherzigen Hirten immer auch ein sturer piemontesischer Bauer geblieben" sei.

„Interviews sind nicht meine Stärke", hatte er einmal behauptet und deswegen selten Interviews gegeben; als zwei Journalisten mit dem Kardinal ein Gesprächsbuch erstellen wollten, riet er ihnen anfangs, sie sollten doch einfach seine Predigten und Aufsätze gesammelt herausgeben. Und auch, als er sich dann doch auf die Gespräche einließ, aus denen 2010 der Band *El Jesuita* werden sollte (mit einem Vorwort seines Rabbinerfreundes Abraham Skorka; auf Deutsch: *Mein Leben – mein Weg*), fragte er nach jedem Treffen mit den Journalisten zweifelnd: „Glauben Sie wirklich, dass das irgendwem nützlich sein wird?"

„Wir müssen aus uns herausgehen, in die Außenbezirke", hatte er in einem seiner seltenen Interviews 2012 zum Journalisten Andrea Tornielli von der Tageszeitung *La Stampa* gesagt. „Wir sollten die spirituelle Krankheit einer Selbstbezogenheit der Kirche vermeiden. ... Natürlich kann einem etwas zustoßen, wenn man auf die Straße geht – aber wenn die Kirche sich in sich selbst zurückzieht, wird sie alt." Er ermutige seine Priester in Buenos Aires immer dazu, „Kontakt zu den Familien zu suchen, die nicht in die Pfarrei kommen". Die Kirche müsse „denen, die weggegangen sind", und den „Gleichgültigen" hinterhergehen: „Wir

Kardinal Bergoglio war in Buenos Aires oft in der
U-Bahn oder im Bus unterwegs.

organisieren Gebete und Messfeiern an belebten
Plätzen, wir bieten nach einer kurzen Vorbereitung
die Taufe an, wir versuchen auch die Fernstehenden
über Internet und Kurznachrichten zu erreichen."

An sich sei doch „alles, was auf Gottes Wege
führen kann, gut", so Erzbischof Bergoglio in einem
anderen Interview. „Meinen Priestern habe ich
gesagt: ‚Tut eure Pflicht; die Aufgaben eures Amtes
kennt ihr ja, übernehmt eure Verantwortung und
lasst dann die Tür offen.' Unsere Religionssoziolo-
gen sagen uns, dass sich der Einfluss einer Pfarrei
auf einen Umkreis von 600 Metern erstreckt. In
Buenos Aires liegen zwischen einer Pfarrei und der
nächsten ca. 2000 Meter. Ich habe den Priestern
damals gesagt: ‚Wenn ihr könnt, mietet eine Garage,
und wenn ihr den einen oder anderen verfügbaren
Laien auftreiben könnt, dann lasst ihn nur machen!
Er soll sich um diese Leute hier kümmern, ein

bisschen Katechese machen, ja, auch die Kommunion spenden, wenn er darum gebeten wird.' Ein
Pfarrer entgegnete mir: ‚Aber Pater, wenn wir das
tun, kommen die Leute nicht mehr in die Kirche!'
‚Na, und?', meinte ich nur: ‚Kommen sie denn
jetzt zur Messe?', ‚Nein', musste er zugeben."

Die Priester seien unbedingt auf die Hilfe von
Laien angewiesen, um den „Horizont" zu öffnen,
„der Gott ist". Allerdings sei die „Klerikalisierung"
der Laien ein Problem. „Die Priester klerikalisieren
die Laien, und die Laien bitten uns darum, klerika-
lisiert zu werden ... Eine sündige Komplizenschaft.
Und wenn man bedenkt, dass allein die Taufe ge-
nügen könnte! Ich denke an die christlichen Ge-

meinschaften in Japan, die über 200 Jahre keinen Priester hatten. Als die Missionare zurückkehrten, fanden sie dort alle getauft vor, alle waren kirchlich verheiratet, und alle Verstorbenen hatten ein katholisches Begräbnis bekommen." Der Glaube sei dank der Laien „intakt geblieben". Auch Geschiedene, die wieder geheiratet haben und deswegen nicht zur Kommunion gehen dürfen, könnten doch in den Pfarreien „mitarbeiten", meinte Kardinal Bergoglio in *El Jesuita,* es gebe „genug zu tun".

In dem Dörfchen Portacomaro Stazione steht noch heute das Haus der Bergoglios; der Erzbischof war vor über zehn Jahren, als er zu seiner Kardinalserhebung nach Europa reiste, mal für einen Tag mit seiner Schwester hier und soll sogar ein bisschen piemontesische Erde mitgenommen haben. „Das war wirklich bewegend", so Maria Elena Bergoglio. „Die Gegend ist herrlich, wir sind zusammen durch die Hügel spaziert. Und dann das Haus zu sehen, wo mein Vater geboren wurde, den

Das Hochzeitsbild der Eltern des Papstes, Regina Maria Sivori und Mario Giuseppe Bergoglio, vom 12. Dezember 1935.

Sturköpfe aus dem Piemont

Jorge Mario Bergoglio ist am 17. Dezember 1936 in Buenos Aires in eine Familie von Einwanderern aus Italien hineingeboren worden – für Argentinien keine ungewöhnliche Konstellation. Der Vater Mario Giuseppe, der übrigens mit seinem dritten Vornamen Francesco hieß, stammte aus der Provinz Asti im norditalienischen Piemont; er war mit vielen Mitgliedern seiner Familie im Januar 1929 auf der *Giulio Cesare* nach Argentinien ausgewandert, weil dort schon ein Teil der Familie lebte, und um der Armut zu entkommen – der Armut und der in diesem Moment in Italien aufziehenden faschistischen Diktatur von Benito Mussolini. „Der Familie ging es damals wirtschaftlich nicht gut, aber sie nagte auch nicht am Hungertuch", erläuterte die Schwester des Papstes, Maria Elena Bergoglio, in einem Interview. „Ich habe meinen Vater immer wieder sagen hören, dass es die Machtübernahme der Faschisten war, die ihn wirklich dazu veranlasst hat, das Land zu verlassen."

Garten, wo er als Kind gespielt hat, den Keller, wo unser Onkel Wein machte – unbeschreiblich! Eine Emotion, die man gar nicht ausdrücken kann."

Auch wenn er sich in erster Linie als Argentinier fühlt: Papst Franziskus hatte bislang außer dem argentinischen auch noch einen italienischen Pass, und mit seiner Freundin (zu dem Thema kommen wir später noch) sprach er in seiner Jugend Italienisch: „Das war eine Art und Weise, Komplizen zu sein", erzählte die „Verlobte" von damals, Amalia Damonte, nach „Jorges" Wahl zum Papst einer Zeitung. Wie vielen Kindern aus Einwandererfamilien schlagen dem heutigen Bischof von Rom offenbar zwei Herzen in der Brust. Mit Tränen in den Augen hat er einmal vor Freunden das Gedicht *Rassa nostrana,* zu Deutsch *Unsere Rasse,* von Nino Costa aus dem Gedächtnis aufgesagt: „Drit e sincer" seien die Piemontesen, heißt es darin, „geradeheraus und ehrlich". „Teste quadre",

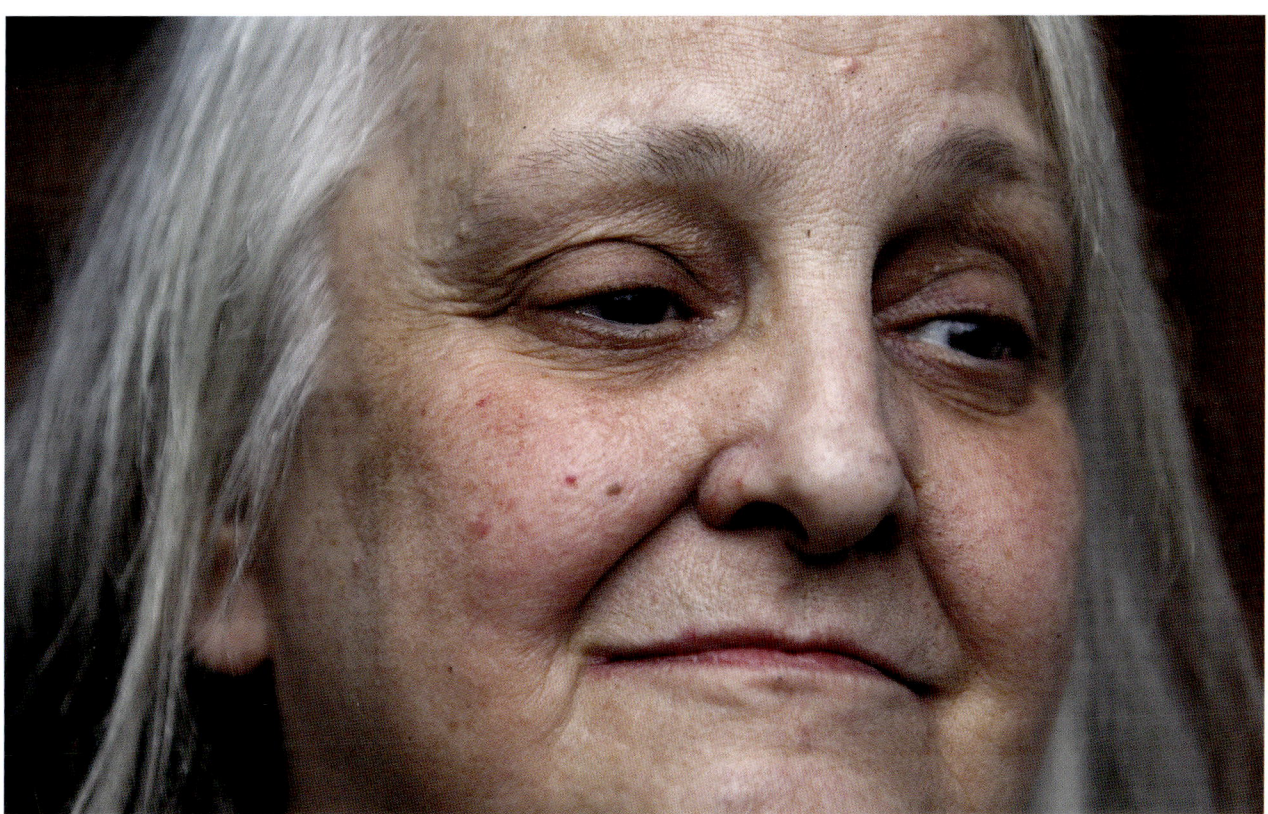

also „Sturköpfe". „San a parlo poc ma a san cosa ch'a diso bele ch'a marcio adasi, a van luntan": „Sie reden nicht viel, aber sie wissen, was sie sagen. Auch wenn sie langsam gehen, kommen sie weit."

Der heutige Bischof von Rom scheint sein Leben lang Sehnsucht nach Italien verspürt zu haben, dem Land seiner Väter. „Sehnsucht meint von ihrer griechischen Wurzel her den Wunsch, an einen Ort zurückzukehren", sinnierte er als Kardinal in *El Jesuita*. „Auch die Odyssee spricht davon. Sie ist eine Dimension des Menschlichen. Ich finde, dass wir die Sehnsucht als eine anthropologische Dimension verloren haben." Von seinem Vater hat Jorge Mario Bergoglio die Italien-Sehnsucht nicht unbedingt geerbt; der war in den Zwanzigern gewesen, als er der alten Heimat für immer den Rücken kehrte. „Italien-Sehnsucht war etwas, das er in sich eingekapselt hatte; das hatte er hinter sich gelassen", so Bergoglio als Kardinal.

Maria Elena Bergoglio am Tag nach der Wahl ihres Bruders zum Papst.

Zunächst hatte der Vater in Paraná im Landes-innern als Buchhalter gearbeitet; dort hatten drei Brüder seines Vaters sieben Jahre vor seiner Aus-wanderung ein Straßenbauunternehmen aufge-macht. Dann war er in das Mittelklasseviertel Flores in Buenos Aires gezogen und arbeitete dort als Buchhalter in einem Unternehmen. Zurück blickte er nicht, die Kinder sollten zu Argentiniern heran-wachsen. „Er sprach mit uns immer ein fließendes Spanisch", erinnert sich die Schwester des Papstes. „Aber abends, wenn er die Onkel traf, verfielen sie alle ins Italienische oder in den piemontesischen Dialekt. Dann sprachen sie von der Schönheit ihrer Heimat; das blieb ihnen wie ein Traum fürs ganze Leben, und über den Ersten Weltkrieg, an dem sie teilgenommen hatten. Und sie beklagten sich über

Die Brüder Jorge und Óscar Bergoglio.

Jorge Bergoglios Vater Mario Giuseppe (Mitte) mit seinen Eltern, den Großeltern des heutigen Papstes, Giovanni Bergoglio und Margarita Vasallo.

den Faschismus." „Meine Großmutter Rosa holte mich morgens ab und brachte mich tagsüber zu sich nach Hause, um meiner Mutter etwas Arbeit abzunehmen", so Bergoglio selbst. Seine Großmutter habe ihn auch das Beten gelehrt und ihm Heiligengeschichten erzählt, das habe für ihn eine Ressource für das ganze Leben bedeutet. „Abends brachte sie mich wieder nach Hause. Meine Großeltern sprachen piemontesischen Dialekt miteinander, und so habe ich das gelernt." Jorges Mutter, Regina Maria Sivori, hatte piemontesische und Genueser Vorfahren.

„Wenn du mich nicht heiratest, werde ich Priester"

In Flores sammelte der heranwachsende Jorge Briefmarken und spielte Fußball wie alle Kinder in dem Viertel; in dem Stadtteil erhebt sich auch das Stadion seines Vereins *San Lorenzo*, bei dem er noch heute eingeschriebenes Mitglied ist. „Er war ein normaler Jugendlicher", urteilt seine Schwester Maria Elena, „gut erzogen und ein guter Schüler; mich hat er immer sehr beschützt, weil ich die Kleinste war." Mit dem Vater spielte Jorge Karten und interessierte sich für Sport („Papa spielte im Club San Lorenzo Basketball und nahm uns manchmal mit", so Bergoglio). Mit der Mutter, die den Haushalt versorgte, hörte er Musiksendungen. „Jeden Samstag um zwei Uhr nachmittags", so erzählte Erzbischof Bergoglio, „hörten wir uns die Opern an, die im staatlichen Rundfunk übertragen wurden. Bevor es losging, erklärte uns Mama die Oper und machte uns auf die schönste Arie aufmerksam."

Der Papst als Teenager. Ein Foto aus dem Album seiner Schwester Maria Elena.

Zweierlei Gewänder: nach einer Messe für „seinen" Fußballclub *San Lorenzo de Almagro.*

Wenn die Kinder unruhig wurden, wusste sie die Aufmerksamkeit wiederherzustellen. „Bei Othello sagte sie: Passt auf, gleich bringt er sie um!"

Arm war die Familie nicht: „Wir hatten keine Ersparnisse, kein Auto, und fuhren nicht in den Sommerurlaub. Aber es fehlte uns an nichts." Die Kinder, unter ihnen Jorge, wurden früh ans Arbeiten gewöhnt: „Meine Mutter blieb querschnittgelähmt nach der Geburt des letzten Kindes, des fünften. Wenn wir von der Schule nach Hause kamen, fanden wir sie Kartoffeln schälend, die übrigen Zutaten für das Essen standen dann schon bereit. Sie sagte uns, wie wir sie kochen

„Wenn ihr den einen oder anderen verfügbaren Laien auftreiben könnt, dann lasst ihn nur machen!"
Kardinal Jorge Bergoglio, Erzbischof von Buenos Aires, zu seinen Priestern

sollten." Und das taten sie dann. Noch später, als Priester und Professor, kochte Bergoglio gern: „Am Sonntag gab es im Kolleg keine Köchin, darum habe ich dann das Mittagessen für meine Studenten gekocht." Gestorben sei daran keiner.

Auch dem Vater lag daran, dass seine Kinder frühzeitig lernten, was Anpacken heißt. Als Jorge 13 Jahre alt war und auf die Mittelschule kam – er spezialisierte sich auf Lebensmittelchemie –, musste er in seiner Freizeit arbeiten. Zunächst half er beim Reinigungsdienst in einer Fabrik aus; nach zwei Jahren bekam er dort Verwaltungsaufgaben, und

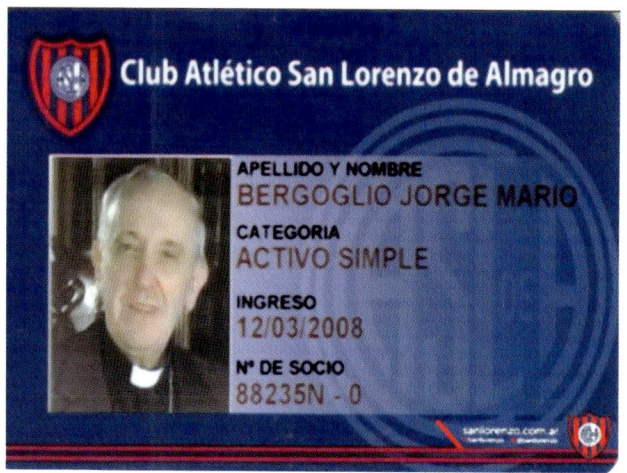

Der Mitgliedsausweis für den Sportclub *San Lorenzo de Almagro* gilt wohl weiter.

schließlich arbeitete er in einem Labor für klinische Analysen, täglich von 7 bis 13 Uhr. Mittags hatte er eine knappe Stunde Zeit zum Essen, danach ging er bis 20 Uhr zur Schule. „Ich danke meinem Vater, dass er mich arbeiten geschickt hat. Die Arbeit war eines der Dinge, die mir am meisten gutgetan haben, und besonders im Labor habe ich das Gute und das Schlechte jeder menschlichen Tätigkeit kennengelernt. ... Die Einwandererfamilien duldeten keine faulen Kinder, sie brachten sie ans Arbeiten. ... Meine Vorgesetzte war eine außergewöhnliche Frau, eine Sympathisantin der Kommunisten; sie wurde später unter der Militärdiktatur getötet." Als junger Erwachsener las auch Bergoglio mit Interesse das kommunistische Blättchen *Propósitos*: „Das half mir in meiner politischen Meinungsbildung. Aber Kommunist bin ich nie gewesen."

Seine Chefin war nicht die einzige Frau in seinem Leben. Da gab es auch noch Amalia, die gleichaltrige Nachbarstochter, ebenfalls das Kind von Einwanderern aus dem Piemont. Zwischen den beiden entwickelte sich schon früh eine große Vertrautheit: „Er war immer zum Scherzen aufgelegt, aber dabei war er galant", sagt Amalia Damonte heute. Die klei-

ne, grauhaarige Frau mit Brille wohnt immer noch neben dem damaligen Haus von Familie Bergoglio. „Unsere Familien waren mit unserer Freundschaft nicht einverstanden" – dabei war das „eine sehr unschuldige Sache", „wir waren ja nur Kinder". Nein, in die Schule seien sie nicht zusammen gegangen, „damals gingen Jungen und Mädchen ja noch in getrennte Klassen". Es waren eben „ganz andere Zeiten" als heute: „eine sehr ruhige, friedliche Jugend". „Wir spielten vor allem auf dem Bürgersteig oder in den Grünanlagen in der Nachbarschaft."

Irgendwann hätten Jorge und sie angefangen, „jeden Nachmittag zusammen zu verbringen". Dabei spielte er damals schon mit dem Gedanken, Priester zu werden, glaubt Amalia heute. „Einmal hat er mir gesagt: ‚Wenn du mich nicht heiratest, werde ich Priester!' Also, die Vorstellung hatte er bestimmt schon im Kopf, aber er brauchte ein paar Jahre, um sich zu entscheiden." Und sie selbst durfte ihn nicht heiraten, so sieht sie es heute. „Wir waren gerne zusammen, aber meine Familie war dagegen. Unsere Familien waren ja beide sehr miteinander verbunden, die kannten sich schon, bevor wir beide geboren worden waren, vielleicht sogar noch von Italien her. Sonntags trafen wir uns alle zum Pasta-Essen, und da fiel meinem Vater auf, dass da etwas war zwischen Jorge und mir. Damit war er nicht zufrieden, weil er fand, dass wir noch zu klein waren. Er hat ihm verboten, mir den Hof zu machen, und Jorge hörte sofort auf." Auf die Idee, sich dem Befehl ihres Vaters zu widersetzen, sei sie damals nicht gekommen. „Absolut nicht. Wir sind mit traditionellen Werten aufgewachsen. Italiani onesti e laburatori" – das sagt sie einem Journalisten auf Italienisch –, „ehrliche und arbeitsame Italiener". „Wenn der Babbo", der Vater, „etwas sagte, dann war das so und basta."

Die argentinische Militärdiktatur

Argentinien hat in seiner Geschichte eine ganze Reihe von Diktaturen erlebt – aber die Diktatur der Jahre 1976 bis 1983 war besonders grausam. Wie Putsch-General Augusto Pinochet in Chile drei Jahre vorher, machten auch die Putschisten von Buenos Aires 1976 zum ersten Mal „wirklich den Versuch, sich das ganze Land zu unterwerfen", erläuterte Rainer Huhle vom Nürnberger Menschenrechtszentrum im Gespräch mit Radio Vatikan. „Alle Bereiche des zivilen Lebens" wollten sie in ihre Gewalt bekommen – ein totalitärer Anspruch. „Auch vorher gab es zwar teilweise blutige und autoritäre Regimes, aber große Teile der Bevölkerung waren davon nicht betroffen."

Zahllose Eltern trauern um ihre Kinder unter den *desaparecidos* – den willkürlich verhafteten, gefolterten, ermordeten und spurlos verschwundenen Opfern der argentinischen Militärdiktatur der Jahre 1976–1983.

Die USA hielten still. Schließlich stand die Welt noch mitten im Kalten Krieg, und die Militärs in Argentinien gerierten sich, während sie Zehntausende von Gegnern töteten und viele Menschen „verschwinden" ließen (*desaparecidos*), als Verbündete im Kampf gegen die Linken. Die katholische Kirche wiederum war damals „tief gespalten", nicht nur in Argentinien, sondern in ganz Lateinamerika. „Es gab eine starke Strömung der sogenannten *Theologie der Befreiung* und andere Theologien, die ausgesprochen antiautoritär und sehr biblisch orientiert waren; und es gab die traditionelle Kirche, die sich über die Jahrhunderte seit der spanischen Eroberung mit

den jeweiligen Regierungen arrangiert hatte und im Grunde ein Teil der Machtelite gewesen ist."

Während sich die offizielle katholische Kirche in Chile nach kurzem Zögern auf die Seite der Opfer stellte, handelte sie in Argentinien genau andersherum. „Da waren die Priester und Bischöfe, die sich gegen die Diktatur gestellt haben, eine winzig kleine Minderheit, und dementsprechend wurden sie auch verfolgt, während der überwiegende Teil der Amtskirche sich mehr oder weniger gut mit dem Regime arrangiert hat." Zwei Bischöfe, die sich kritisch über die Generäle äußerten, wurden bei vorgetäuschten Autounfällen umgebracht, während der Polizeikaplan Christian von Wernich sich an 42 Entführungen, 31 Folterungen und 7 Morden beteiligte, wofür er 2007 zu lebenslanger Haft verurteilt wurde.

Immerhin hat Argentinien nach dem Ende der Diktatur eine für den Kontinent geradezu vorbildliche Aufarbeitung der Schrecken geleistet. Eine Untersuchungskommission dokumentierte in dem Bericht *Nunca mas – Nie wieder* die Gräuel der Junta, und herausragende Vertreter des alten Regimes, darunter General Jorge Rafael Videla, fanden/finden sich vor dem Richter wieder. „Es gab auch Rückschläge und Amnestien – aber heute gibt es wohl kaum ein Land in Lateinamerika, in dem so viele Gerichtsverfahren gegen die Vertreter der Diktatur in Gang gekommen sind" (Rainer Huhle).

Die katholische Kirche in Argentinien

Rund die Hälfte aller Katholiken auf der Welt leben in Lateinamerika; Eroberung des Kontinents durch die Spanier und Verkündigung des Evangeliums durch Missionare gingen seit Kolumbus Hand in Hand. Zur Vielfalt der Kirche gehören das Zeugnis von Märtyrern, die Befreiungstheologie und der Einsatz für die Armen, intensive Marienverehrung und vielerlei Traditionen der Volksfrömmigkeit, die sich oft mit älteren Festen vermischt haben.

In Argentinien, dem zweitgrößten Land des Kontinents, stellen die Katholiken 93 Prozent der Bevölkerung; Umfragen bescheinigen der Kirche regelmäßig, die im ganzen Land vertrauenswürdigste Einrichtung zu sein. Nach Einschätzung des deutschen Lateinamerika-Hilfswerks *adveniat* liegt das daran, dass Argentiniens Kirche „faktisch die Rolle einer politischen Opposition übernimmt, weil sie sich zum Sprachrohr der Armen und Ausgeschlossenen macht", und dass sie „glaubwürdig versucht, die Option für die Armen zu leben". Allerdings gilt die Bischofskonferenz als gespalten in einen „kirchlich moderaten und sozial progressiven" Teil, für den bislang Kardinal Jorge Mario Bergoglio stand, und in einen „stark konservativen und traditionalistischen" Teil.

Die Beziehungen der Kirche zum Staat waren in den letzten Jahrzehnten sehr wechselhaft: Mal galt sie Regimen als politische Stütze, mal trat sie in eine Art „Konkurrenz mit dem Staat" (Josef Oehrlein, *FAZ*). Auch in der sogenannten „bleiernen Zeit" der Militärdiktatur (1976–1983) war ihre Rolle schillernd. Katholische Geistliche haben ebenso mit Folterern zusammengearbeitet wie Opfern beigestanden. Für die Verwicklung vieler Kirchenleute in Verbrechen der Junta haben Argentiniens Bischöfe unter Bergoglios Federführung im Jahr 2000 ein Schuldbekenntnis formuliert. Unter den zwei Präsidenten namens Kirchner (zuerst Néstor und nach dessen Tod seine Frau Cristina) hat sich das Staat-Kirche-Verhältnis verschlechtert; Bergoglio warf der herrschenden Elite Korruption und Gleichgültigkeit gegenüber den Armen vor – bis hin zur Manipulation der offiziellen Statistik über die Zahl der Armen im Land. Diese liegt nach Regierungsangaben bei knappen 9 Prozent, nach internationalen Schätzungen hingegen bei etwa 30 Prozent.

Eine Krise der Priesterberufungen kennt auch die argentinische Kirche: „Es gibt Seminare in Millionenstädten mit weniger als zehn Seminaristen pro Diözese" *(adveniat)*. Umso mehr prägen engagierte Laien das kirchliche und karitative Leben in Pfarreien, die auf dem Land flächenmäßig oft sehr groß sind. Die über 3.500 kirchlichen Schulen spielen vor allem auf dem Land eine wichtige Rolle, auch wenn viele von ihnen finanziell ums Überleben kämpfen. Nicht weniger als 94.000 Katecheten sorgen für den Religionsunterricht, der in fast ganz Argentinien nur in den Pfarreien und nicht an den staatlichen Schulen erteilt wird.

Jorge Bergoglios Liebe in
Kinder- und Jugendtagen:
Amalia Damonte. Beide
sind jetzt 76 Jahre alt.

Das Elternhaus des
Papstes im Stadtteil Flo-
res in Buenos Aires.

Nein, sie hat es nicht bereut, dass aus der Freundschaft zu Jorge damals nicht mehr geworden ist: „Unsere Wege haben sich eben getrennt." Buchhalterin sei sie geworden und geheiratet habe sie, auch noch ein zweites Mal, nachdem ihr erster Mann gestorben war. Und heute hat sie drei Kinder und sechs Enkelkinder. Ihren Jorge von damals hat sie seit über 60 Jahren nicht mehr gesehen. „Aber als ich von seiner Wahl zum Papst erfuhr, war das eine immense Freude für mich, ich habe laut gesagt: ‚Möge Gott dich segnen!' Ich hoffe wirklich, dass er als Papst Gutes tun kann." Der neue Papst brauche übrigens nicht zu befürchten, dass seine alte Flamme auf einmal bei seiner Amtseinführung auf dem Petersplatz auftauchen könnte: „Ich war in meinem Leben noch nie in Italien, da werde ich jetzt in meinem Alter auch nicht mehr hinfahren." Die Schwester des Papstes wollte ebenfalls nicht kommen: „Nein, mein Bruder hat uns gebeten, das Geld lieber zu sparen und für karitative Werke auszugeben. Ich werde es so halten, wie er es wünscht."

Im Gesprächsbuch *El Jesuita* hat Kardinal Bergoglio ohne Zögern eingeräumt, dass er in seiner Jugend eine Freundin hatte: „Ja, sie gehörte zu der Gruppe von Freunden, mit denen ich ausging zum Tanzen. Danach habe ich die Priesterberufung entdeckt."

Eine Beichte, die alles ändert

Nicht nur die Arbeit lernte Jorge Mario Bergoglio schon früh kennen, sondern auch die Krankheit. Er wäre als junger Erwachsener fast an einer Lungenentzündung gestorben. „Ich erinnere mich an den Moment, als ich im hohen Fieber meine Mama umarmte und sie bat: „Sag mir, was los ist! Sie wusste nicht, was sie mir antworten sollte, weil die Ärzte ratlos waren." Dem Patienten wurde der obere Teil des rechten Lungenflügels entfernt; in den Monaten darauf litt er, obwohl sich sein Zustand langsam besserte, an starken Schmerzen. Es nervte ihn, wenn ihm wohlmeinende Besucher zum Trost sagten, es werde schon wieder besser werden. Eines Tages aber kam Schwester Dolores zu Besuch, die Ordensfrau, die ihn auf die Erstkommunion vorbereitet hatte. „Sie sagte mir etwas, das mich sehr berührte und mir Frieden gab: Du machst es Jesus gleich."

„Das ist die Erfahrung der Religion: das Staunen, jemanden zu treffen, der auf dich wartet."
Kardinal Jorge Bergoglio in einem Interview

Der Satz gab ihm zu denken. Leid an sich „ist keine Tugend", meinte Kardinal Bergoglio in *El Jesuita*. „Aber die Art, wie wir ihm begegnen, kann tugendhaft sein. Unsere Berufung ist das Glück in seiner Fülle, und bei der Suche danach ist das Leiden eine Begrenzung. Darum verstehen wir den Sinn des Leidens wahrhaftig über das Leid Gottes, der in Jesus Christus Mensch geworden ist." Wer das Leiden nicht mit dem Kreuz zusammensehe, finde nur „Teilantworten". Allerdings dürfe man das Leiden auch nicht glorifizieren. „Der spanische oder peruanische Barock betonte das Leiden Jesu. Die *Weiße Kreuzigung* von Marc Chagall hingegen, der ein gläubiger Jude war, ist nicht grausam, sondern voller Hoffnung. Der Schmerz erscheint dort in ruhiger Klarheit. Für mich ist das eines der schönsten Bilder, die er jemals gemalt hat."

Der Gedanke, ob er nicht vielleicht Priester werden sollte, war ihm immer wieder mal gekommen. Aber dann erlebte der heutige Papst Franziskus auch einen richtiggehenden Berufungsmoment. Es war der 21. September 1953, er war 17 Jahre alt und bereitete gerade mit seinen Mitschülern eine Feier zum „Tag der Schüler" vor. Während seine Freunde am Bahnhof auf ihn warteten, ging er noch auf einen Sprung in die Kirche San José de Flores, die nur zwei Straßen von seinem Elternhaus entfernt lag; dort sah er („im letzten Beichtstuhl links vor dem Altar") einen Priester, den er nicht kannte, und beschloss spontan, bei ihm die Beichte abzulegen. Diese Beichte sollte sein Leben ändern. „Mir geschah etwas Seltenes: das Staunen über eine Begegnung. Mir wurde klar, dass jemand mich erwartete."

Jorge Mario beschloss, Priester zu werden. Seine Freunde am Bahnhof warteten vergebens auf ihn, er kam nicht mehr. „Das ist die Erfahrung der Religion: das Staunen, jemanden zu treffen, der auf dich wartet. Von jenem Moment an wurde Gott für mich derjenige, der uns zuvorkommt. Du suchst ihn, aber er hat dich schon vorher gesucht." Später habe er erfahren, dass sein Beichtvater, ein Aushilfspriester, nur ein Jahr später an Leukämie gestorben war.

Der Vater nahm Jorges Entschluss gut auf, aber die Mutter nicht. „Sie sagte: ‚Ich weiß nicht, ich sehe dich da nicht ... Vielleicht solltest du ein wenig abwarten, weiterarbeiten ... Mach doch wenigstens deine Studien fertig.' Die Wahrheit ist, dass meine alte Mama es schlecht aufnahm. Mein Vater verstand mich besser." Vier Jahre später begann er, sein Diplom als Chemietechniker in der Tasche, seine Ausbildung zum Priester. Es war der 11. März 1956 – genau 57 Jahre, bevor in Rom das Konklave zusammentrat, um Bergoglio zum Papst zu wählen. Seine Mutter weigerte sich jahrelang, ihn im Seminar zu besuchen. „Wir waren nicht zerstritten – nur dass sie eben nicht das Seminar betrat ... Ihr war das alles zu schnell gegangen." Und warum trat er später gerade bei den Jesuiten ein? „In Wirklichkeit hatte ich gar nicht so klare Vorstellungen, wo ich eintreten wollte. Das Ein-

Während der Ausbildung im Jesuitenorden arbeitete Jorge Bergoglio als Lehrer für Literatur und Psychologie am *Colegio del Salvador* in Buenos Aires (Aufnahme von 1966).

zige, was mir klar war, war meine religiöse Berufung. Erst ging ich ins Erzbischöfliche Seminar in Buenos Aires, aber dann trat ich bei den Jesuiten ein, weil sie eine avantgardistische Kraft der Kirche waren, weil man in der Gesellschaft Jesu eine militärische Sprache benutzte, weil ein Klima des Gehorsams und der Disziplin herrschte."

Aber das war noch nicht alles: Vor allem war es die „missionarische Sendung" des Ordens, die Bergoglio faszinierte. „In mir wuchs der Wunsch, als Missionar nach Japan zu gehen. Aber wegen meines ernsten Gesundheitsproblems erhielt ich dazu keine Erlaubnis." Der große Asienmissionar des Jesuitenordens, der heilige Franz Xaver, hatte den Namen Franziskus getragen: Mag sein, dass auch die Erinnerung daran den neuen Papst bei der Wahl seines Namens mitinspiriert hat. Wie sehr ihm das „Herausgehen auf die Straßen" am Herzen liegt, „um allen Jesus zu verkünden", hat Franziskus dem Vernehmen nach auch in einer Generalkongregation deutlich gemacht, bei der die Kardinäle im März 2013 hinter verschlossenen Türen im Vatikan das anstehende Konklave vorbereiteten. Bei diesen eigentlich vertraulichen Begegnungen blieb in Wirklichkeit kaum etwas geheim; auch aus Bergoglios Redebeitrag wurden im *Avvenire* kurz vor Ostern einige Wortauszüge veröffentlicht. „Das Evangelisieren ist der Daseinsgrund der Kirche", hatte er gesagt, und „die Kirche muss herausgehen in die Peripherie"; das sei „nicht nur geografisch gemeint, sondern auch existenziell". Kurz darauf, in seiner ersten Ansprache nach der Wahl, sprach der neue Papst dann von der nötigen Evangelisierung Roms. Oder meinte er damit etwa die (aus der Sicht vieler Beobachter ebenso nötige) Kurienreform?

Am Morgen nach seiner Papstwahl fuhr Franziskus hinaus zur römischen Basilika Santa Maria Maggiore, um dort vor der Marienikone *Salus Popoli Romani* zu beten. Das war natürlich in erster Linie sein Dank an die Madonna, den er am Vorabend auf der Loggia angekündigt hatte; aber auch hinter dieser Geste steckte noch mehr. Eine Kopie ebendieses Marienbilds hatten Dutzende von Jesuiten dabei, die im Lauf der Jahrhunderte zur Mission in den Fernen Osten aufbrachen. Auch hier wieder: Papst Franziskus, der Missionar.

„Jorge Bergoglio, Priester"

Der Papst ist Jesuit, nicht Franziskaner. Wie kommt es dann, dass sich „Padre Jorge" bei der Wahl seines Papstnamens vom Gründer eines „konkurrierenden" Ordens inspirieren ließ?

Die Jesuiten sind im 16. Jahrhundert als Speerspitze einer romtreuen Gegenreformation entstanden, die Franziskaner waren hingegen schon im 13. Jahrhundert aus einer größeren, radikalen Armutsbewegung hervorgegangen, die teilweise durchaus antirömische Züge trug. Beide Orden hatten im Lauf ihrer gemeinsamen Geschichte nie besonders enge Beziehungen. Doch in ihrem missionarischen Elan treffen sie sich. Und auch zwischen ihren Gründergestalten gibt es Verbindungen. Sowohl Franz von Assisi als auch 300 Jahre später Jesuiten-Gründer Ignatius von Loyola brachen ins Heilige Land auf. Es war bei der Lektüre der Dichtungen des Franziskus, dass Ignatius wie vom Blitz getroffen wurde. Beide wollten die Kirche erneuern, beide versenkten sich in die Meditation der biblischen Geschichten, indem sie sich viele Einzelheiten ausmalten und sich selbst in die Szenerie eintrugen – Ignatius in seinen *Geistlichen Übungen*, Franziskus bei der Zusammenstellung der ersten lebenden Krippe. Dieser Blick auf die Bibel hat Jorge Mario Bergoglio geprägt, das merkt man an den ersten Worten seines Buches *Offener Geist und gläubiges Herz*. „Der apostolische Eifer nährt sich durch die Betrachtung Jesu Christi: wie er ging, wie er predigte, wie er heilte, wie er andere ansah. Das Herz des Priesters muss diese Betrachtung üben und dadurch das wesentliche Problem seines Lebens lösen: das seiner Freundschaft mit Jesus Christus."

„Der heilige Franziskus war das Modell unseres Gründers", betont der italienische Jesuitenpater Antonio Spadaro von der kuriennahen Zeitschrift *Civiltà Cattolica,* „er stand am Beginn seiner Umkehr". Für Pater Spadaro sagten die 30 Sekunden des Schweigens, während der neue Papst vom Petersbalkon und die Menge auf dem Platz einander ansahen, alles über das Pontifikat: „Er will keine

Die Jesuiten

1517 löste Martin Luther die Reformation aus, 17 Jahre später gründete der heilige Ignatius aus dem baskischen Städtchen Loyola 1534 mit Freunden auf dem Pariser Montmartre die *Societas Iesu*, zu Deutsch Gesellschaft Jesu, abgekürzt SJ. Inspiriert von den *Geistlichen Übungen* des Gründers, die bis heute der Kern ihrer Spiritualität sind, und straff organisiert, waren die Jesuiten zunächst eine treibende Kraft der sogenannten Gegenreformation: Sie bauten Schulen und barocke Kirchen, berieten Fürsten und stellten sich dem Papst als eine Art geistliche schnelle Eingreiftruppe zur Verfügung. Dass sie keine spezielle Ordenstracht trugen, zog ihnen allerdings Misstrauen und den Vorwurf der Geheimniskrämerei zu. Zu Armut, Ehelosigkeit und Gehorsam versprechen Jesuiten ein einem Zusatzgelübde eine besondere Verfügbarkeit für Aufträge des Papstes.

Als Missionare wurden Jesuiten, allen voran der heilige Franz Xaver, vielfach zu Pionieren; sie errangen hohe Positionen am Hof des chinesischen Kaisers und bauten in Paraguay einen Staat auf, ein Utopia der Indios, das allerdings nicht lange Bestand hatte. Der preisgekrönte Film *The Mission* erzählt davon. Bis heute engagiert sich der zahlenmäßig größte katholische Männerorden stark im Gespräch der Religionen und spielen Jesuitenschulen und -universitäten weltweit eine wichtige Rolle, darunter die römische Universität *Gregoriana*, die Beiruter Université *Saint Joseph*, die Washingtoner *Georgetown University* und die Katholische Universität von San Salvador. Unter den herausragenden Jesuiten des 20. Jahrhunderts waren die Theologen Karl Rahner und Teilhard de Chardin sowie die Nazigegner Rupert Mayer und Alfred Delp.

In ihrer Geschichte haben die Jesuiten manches Auf und Ab erlebt; 1773 wurde der Orden auf politische Intrigen hin von Papst Clemens XIV. sogar aufgehoben, 1814 aber wieder zugelassen. Heute hat er weltweit knapp 18.000 Mitglieder.

Ignatius von Loyola, Gründer des Jesuitenordens. Porträt eines unbekannten Meisters aus dem 17. Jahrhundert.

Aufmerksamkeit für sich selbst, sondern er will Gott in den Mittelpunkt stellen. So sind wir Jesuiten."

Der italienische Philosoph Massimo Cacciari hat den Eindruck, dass es um eine Art „innere Befriedung" gehe, wenn sich ein Jesuitenpapst Franziskus nenne. „Das ist so, als wäre in der Kirche auf einmal wirklicher Friede ausgebrochen: Die jesuitische Treue zur reinen Lehre vereint sich mit der *Caritas* der Minderbrüder, der Soldat Ignatius trifft den Bettler Gottes, das *Siglo de Oro* reflektiert sich in der Feinheit der Provence", aus der die Mutter des heiligen Franz angeblich stammte. Es sei allerdings „kein geringes Unterfangen, den Escorial mit der Portiuncula", also das barocke Klosterschloss Philipps II. in der spanischen *Sierra* mit dem Sterbekapellchen des heiligen Franz in Assisi „zu kombinieren". „Wie das Unternehmen ausgehen wird, kann ich nicht vorhersagen, aber wir werden uns mit Sicherheit nicht langweilen."

Jorge Mario Bergoglio wurde also Jesuit; und das bedeutet, dass er eine intensive Ausbildung durchlaufen hat. Humanistische Studien in Chile, dann – zurück in Buenos Aires – der Abschluss in Philosophie am Kolleg San José in San Miguel. Von 1964 bis zum Jahr darauf Literatur- und Psychologie-Lehrer in Santa Fé, 1966 dann wieder in der Hauptstadt. Ab 1967 – bei Jesuiten ist das Doppelstudium üblich – Theologiestudium in San Miguel, 1970 der Abschluss. Am 13. Dezember 1969, also nur wenige Tage vor seinem 33. Geburtstag, die Weihe zum Priester. Für ihn war das wohl das Wichtigste: „Jorge Bergoglio, Priester" solle einmal auf seinem Grabstein stehen, erklärte

er als Kardinal im Buch *El Jesuita*. Danach ein Jahr im spanischen Alcalá de Henares, im April 1973 schließlich die Ewigen Gelübde als Jesuit. Novizenmeister in San Miguel, Theologieprofessor, Rektor von Kollegien und Fakultäten. Und neben seinen Lehraufträgen die ersten Erfahrungen als Seelsorger.

Seine Schwester Maria Elena – zusammen mit ihrem Bruder Papst Franziskus die einzige Überlebende der ursprünglich fünf Geschwister – hat von Jorge Mario aus dieser Zeit vor allem seine Scherze in Erinnerung, das habe er von seinem Vater geerbt. Als er schon den Priesterkollar trug, habe er seinem kleinen Patenkind Jorge zu ihrem Ärger die übelsten Schimpfworte beigebracht; einmal habe der Kleine mitten in einer Messe seines Onkels laut eines dieser Worte gerufen, ihr Bruder habe sich nach der Messe „ausgeschüttet vor Lachen". Außerdem habe Jorge Mario auch einmal den Schnuller seines Patenkindes in Whisky getaucht.

> „Der Hirt kann doch nicht oben auf dem Berg bleiben, wenn die Herde im Tal ist."
>
> *Kardinal Jorge Bergoglio*
> *bei den Beratungen vor der Papstwahl 2013*

Jesuiten sollen umfassend gebildet sein, aber keine wichtigen Ämter anstreben, sondern sich als Diener verstehen – Diener des Papstes vor allem, dem sie besonderen Gehorsam versprechen. Dieser Anspruch der *Gesellschaft Jesu*, dem Heiligen Vater in besonderer Weise zur Verfügung zu stehen, stürzt sie derzeit, da unversehens einer der Ihren selbst zum Papst aufgestiegen ist, in einige Verwirrung. Als ich unmittelbar nach der Papstwahl am Generalat der Jesuiten in der Nähe des Vatikans vorbeikam, standen da keineswegs die Tore offen und war auch kein Korkenknallen zu hören, sondern die Fassade wirkte abweisender denn

je, nur hier und da war hinter einem Fenster ein Lichtschein auszumachen. „Jesuiten sollen eigentlich dem Papst gehorchen, aber nicht selbst Papst werden", erklärt Pater Spadaro. „Das ist für uns eine ganz neue, zunächst erschreckende Situation."

1973 wurde Bergoglio zum Provinzial der argentinischen Jesuiten gewählt, eine Aufgabe, die er, wie es im Orden üblich ist, sechs Jahre lang ausfüllte. Es war in dieser Zeit, dass Guillermo Ortiz ihn kennenlernte: Der junge Argentinier musste bei Bergoglio vorsprechen, um bei den Jesuiten aufgenommen zu werden. Heute ist Ortiz Leiter des Radio-Vatikan-Programms in spanischer Sprache und urteilt im Rückblick über den heutigen Papst, dieser sei ein „anspruchsvoller Lehrmeister" gewesen. „Er verlangte viel, aber er hat einen nicht alleingelassen. Er

Undatiertes Foto der Familie Bergoglio. Jorge Mario ist der Zweite von links in der hinteren Reihe.

war Theologieprofessor" – Ortiz springt hier schon in die 1980er-Jahre – „aber auch Pfarrer in einer neuen Pfarrei mitten in einem Arbeiterviertel. Wir haben viel gelernt, denn er hat uns hinausgeschickt auf die Straße. Die Kranken sollten wir besuchen und die Kinder für den Katechismusunterricht. Wir gingen jeden Samstag und Sonntag hinaus, um mit den Leuten zu sein, den Arbeitern, den Beladenen. Es war eine außergewöhnliche Erfahrung."

Das Geheimnis des neuen Papstes ist das Gebet, glaubt Pater Ortiz. Bergoglio sei jeweils früh ins Bett gegangen, aber schon um 4.00 Uhr morgens aufgestanden, um zu beten. In diesen Gesprächen

Maria Elena Bergoglio, die jüngste Schwester des Papstes,
mit ihrem Sohn Jorge, dem Patenkind von Papst Franziskus
(Aufnahme vom 17. März 2013).

Pater Jorge Mario Bergoglio (li. vorn), Provinzial der argentinischen Jesuiten, mit dem Ordensgeneral Pedro Arrupe (re.)
bei einer Messfeier 1973.

mit Gott reife ganz offensichtlich sein Reden und
Tun. In Argentinien, behauptet Ortiz, kennen heute
alle die Predigten Bergoglios gegen Menschenhandel und Korruption. „Aber so, wie man ihm zuhörte,
sprach er nicht wie vom Lehr-
stuhl einer Universität, sondern
er sprach quasi mit dir. Wenn
er über Drogensucht spricht,
dann merkt man, er spricht von
einer Person, der er wirklich
zugehört hat." Ortiz hat seinen
Mitbruder oft auf den Straßen
von Buenos Aires getroffen, auch
als dieser schon Kardinal war:

Jorge Mario
Bergoglio 1973.

unterwegs zu einem Kranken oder zu einem Pfarrer.
Bis abends um 18.00 Uhr sei Bergoglio Diözesan-
bischof gewesen, danach Seelsorger. „Er hat eine
ganzheitliche Sicht auf die Dinge, er lernt aus dem
was er sieht, um nachher die Dinge in der bestmög-
lichen Art abzuwickeln. Seine Fähigkeit, sozusagen
im Großen zu denken, hat mich immer beein-
druckt. Er ist eine große Führungspersönlichkeit."

Trotzdem hätte Pater Ortiz nie erwartet, seinen
damaligen Provinzial einmal als Papst zu sehen.
„Ich wusste zwar, dass er im Konklave wichtig war:
wegen seiner Erfahrung, seiner Präsenz, seiner
Geschichte, aber ich hatte es nicht erwartet. Ich
war sprachlos. Ich musste die Live-Übertragung im
Radio machen und fand überhaupt keine Worte."

Eine Messe für den Diktator

Das Buenos Aires dieser Jahre sieht auf den
Schwarzweiß-Fotos aus wie Paris. Familien flanieren
mit ernsten Gesichtern über großzügige Boulevards,
die Männer tragen Krawatten und Hüte. Mehrere
Wirtschafts- und politische Krisen schüttelten das
Land in den 1970er-Jahren. Im März 1976 stürzten
dann Generäle unter Führung des Oberkomman-

dierenden der Streitkräfte Jorge Rafael Videla die Präsidentin Isabel Martínez de Perón, Witwe des zwei Jahre zuvor gestorbenen Staatschefs Juan Domingo Perón, und lösten das Parlament auf. Sieben Jahre der Rechtsdiktatur und des dagegenhaltenden Linksterrorismus begannen.

Viele Bischöfe Argentiniens sympathisierten mit den neuen Machthabern. Sie glaubten den Beteuerungen der Generäle, ihre Notstandspolitik an christlichen Prämissen auszurichten und lediglich gegen drohende Anarchie vorzugehen. Eine anfängliche wirtschaftliche Erholung schien den Generälen recht zu geben; zu den eklatanten Menschenrechtsverletzungen schweigen die meisten Bischöfe daraufhin. Ein Schweigen, das sich durch nichts rechtfertigen lässt; schließlich wurden allein in der Militärakademie ESMA in Buenos Aires Tausende von Menschen zu Tode gefoltert. Und Bergoglio? Hat sich auch der damalige argentinische Jesuitenobere in dieser dunklen Zeit etwas zuschulden kommen lassen?

Viele Medien setzten sich in den Stunden und Tagen nach der Papstwahl des Argentiniers auf die Fährte und nahmen sein Handeln in der Zeit der Diktatur unter die Lupe. Der US-Filmemacher Michael Moore glaubte sogar, ein Foto aufgetrieben zu haben, auf dem Bergoglio dem Diktator Jorge Rafael Videla die Kommunion reichte – der Geistliche auf dem Foto war aber, wie sich dann herausstellte, gar nicht Bergoglio.

Er hätte es allerdings sein können. Denn tatsächlich hat der Jesuit einmal für die Familie Videla, wie er 2010 in einem Interview einräumte, eine Messe gefeiert. Es lag ihm damals daran, sich bei Videla für Priester einzusetzen, die vom Regime ins Gefängnis gesteckt worden waren.

Die Kirche der *Jungfrau Maria von Caapuche* in der Favela *Villa 21* in Buenos Aires. Hierher fuhr Erzbischof Bergoglio mit dem Bus, um mit den Bewohnern Gottesdienst zu feiern.

Undatiertes Foto von einem Gottesdienst im Armenviertel *Barracas*.

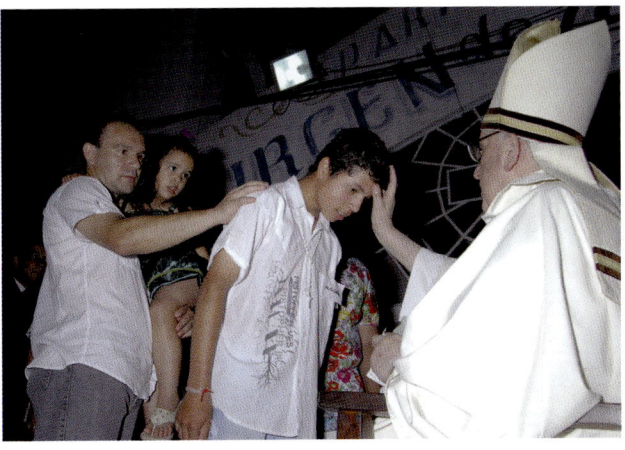

Firmgottesdienst im Armenviertel *Barracas* am 8. Dezember 2012.

Darum schmuggelte sich Bergoglio anstelle des eigentlich dafür vorgesehenen Geistlichen, der angeblich krank geworden war, zu einer Messfeier ins Haus des Diktators ein. Nach der Messe bat er Videla dann, die Verhafteten freizulassen.

Dass der Jesuitenprovinzial mit dem Diktator gesprochen und auch zum Admiral Emilio Eduardo Massera Kontakte aufgebaut hatte, der als besonders grausam galt, holte ihn einige Jahrzehnte später ein,

zu verlassen. „Natürlich waren es finstere Zeiten, und man musste aufpassen", so die Papstschwester über die Jahre der argentinischen Diktatur. „Aber es ist bewiesen, dass er vielen Opfern geholfen hat!" Dasselbe sagt auch Rabbiner Abraham Skorka aus Buenos Aires, Bergoglios jüdischer Freund: „Es ist nicht wahr, dass er mit den Militärs zusammengearbeitet hat, und das sage ich auch als Vertreter einer Gemeinschaft, die von den Generälen stark in Mitleidenschaft gezogen worden ist. Im Gegenteil, ich könnte Ihnen die

Gottesdienst in der Gemeinde *Santa Francisca Javiera Cabrini* in Buenos Aires (7. November 2004).

Begegnung nach der Messfeier in der Kirche des heiligen Kajetan in Buenos Aires (Aufnahme vom 7. August 2009).

als argentinische Reporter nach dem Übergang des Landes zur Demokratie mit Recherchen über die dunklen Jahre begannen. Sie argwöhnten, Bergoglio, der mittlerweile Erzbischof von Buenos Aires war, habe sich damals auf einen Pakt mit dem Teufel eingelassen. Der Erzbischof widersprach; er erklärte in einem Interview und als Zeuge bei Gerichtsverhandlungen, was er getan hatte und weshalb, doch er war unversehens ins Zwielicht geraten. Seine Schwester Maria Elena ist empört darüber: „Halten Sie das denn für möglich? Das würde doch bedeuten, dass er die Lektion vergessen hätte, die unser Vater uns mit seiner schwierigen Lebensentscheidung erteilt hatte!" Damit meinte sie den Entschluss Mario Bergoglios 1929, angesichts des Faschismus Italien

Namen von Personen geben, die vor Folter und Tod gerettet wurden, weil Don Jorge sich für sie einsetzte!"

Umstritten war vor allem der Fall von zwei Jesuiten, die 1976 zu Beginn der Militärherrschaft entführt und fünf Monate lang festgehalten worden waren. Der Jesuitenobere, so der Vorwurf eines Journalisten, habe die zwei Patres nicht vor dem Zugriff der Junta geschützt. Bergoglio wurde von der Justiz befragt, aber nicht angeklagt, und er widersprach der Darstellung, seine Mitbrüder sozusagen dem Regime ausgeliefert zu haben. Er habe die beiden vielmehr vor offenem Widerstand gegen die Militärs gewarnt und ihnen geraten, sich bei ihm im Provinzialat in Sicherheit zu bringen. Darauf hätten die beiden aber

nicht gehört, sondern seien weiter öffentlich als Oppositionelle aufgetreten und das Risiko einer Verhaftung bewusst eingegangen. Als sie dann inhaftiert wurden, habe er, Bergoglio, sich „wie verrückt für sie eingesetzt", und nach fünf Monaten seien sie wieder auf freien Fuß gesetzt worden.

Kompliziert wurde die ganze Angelegenheit unter anderem durch den Umstand, dass die zwei Jesuiten zu diesem Zeitpunkt mit ihrem Orden und damit auch mit ihrem Provinzial Bergoglio über Kreuz lagen. Die beiden seien drauf und dran gewesen, eine eigene Gemeinschaft zu gründen, für die es sogar schon Regeln gegeben habe, führte Bergoglio in *El Jesuita* aus. Darum habe der Generalobere Pedro Arrupe sie aufgefordert, sich zwischen den Jesuiten und ihrem eigenen Projekt zu entscheiden – woraufhin Franz Jalics und

Orlando Yorio um ihre Entlassung aus dem Jesuitenorden gebeten hätten (was wiederum Jalics' Familie heute bestreitet). Yorios Austrittsgesuch wurde noch kurz vor dem Putsch in Buenos Aires angenommen, so Bergoglio. Das Problem: Als Ex-Jesuit (Yorio) beziehungsweise als austretender Jesuit (Jalics) waren die beiden gegenüber dem Regime schutzlos.

Bergoglio verhielt sich in seiner Lage ähnlich wie einige Obere der evangelischen Kirche in der DDR, die den radikalen Weg einiger Pfarrer gegen das SED-Regime zwar für unklug hielten, ihnen dann aber zu helfen versuchten, als die Staatsmacht gegen sie vorging", urteilt die *Katholische Nachrichtenagentur*. Anders als in der früheren

DDR gebe es in Argentinien allerdings keine Einrichtung, die der Stasi-Unterlagen-Behörde vergleichbar sei, um anhand der Akten Vorwürfe, die sich auf diese Jahre beziehen, aufzuklären. „So steht in vielen Fällen Aussage gegen Aussage."

Leonardo Boff verteidigt den Papst

Einer der zwei Jesuiten, nämlich Franz Jalics, lebt heute in Deutschland und meldete sich nach der Wahl seines damaligen Provinzoberen zum Papst mit einer Erklärung zu Wort; darin schilderte der gebürtige Ungar, wie er 1974 mit seinem Mitbruder Yorio zusammen in eine Favela von Buenos Aires gezogen sei, „vom inneren Wunsch bewegt, das Evangelium zu leben

Gespräch mit jungen Drogenabhängigen bei der Abendmahlsmesse am Gründonnerstag 2008.

und auf die schreckliche Armut aufmerksam zu machen". Pater Bergoglio habe ihnen das erlaubt, zumal sie auch von dort aus ihre Lehrtätigkeit an der Universität fortsetzten. „In der damaligen bürgerkriegsähnlichen Situation wurden von der Militärjunta binnen ein bis zwei Jahren ungefähr 30.000 Menschen, linksgerichtete Guerillas wie auch unschuldige Zivilisten, umgebracht", so Jalics. „Wir zwei im Elendsviertel hatten weder mit der Junta noch mit den Guerilla Kontakt. Durch den damaligen Informationsmangel bedingt und durch gezielte Fehlinformationen war jedoch unsere Lage auch innerkirchlich missverständlich."

In dieser Zeit habe sich eine Laienmitarbeiterin der zwei Jesuiten den Linksguerillas angeschlossen; sie verloren die Verbindung zu ihr. Neun Monate

später wurde die Frau „von den Soldaten der Junta gefangengenommen und verhört", und als diese erfuhren, dass sie mit den beiden Jesuiten zusammengearbeitet hatte, gerieten Jalics und sein Mitbruder in Verdacht. Sie wurden verhaftet. „Nach einem fünftägigen Verhör hat uns der Offizier, der die Befragung geleitet hat, mit den Worten entlassen: ‚Patres, Sie hatten keine Schuld. Ich werde dafür sorgen, dass Sie ins Armenviertel zurückkehren können.' Dieser Zusage zum Trotz wurden wir dann aber auf eine für uns unerklärliche Weise fünf Monate lang mit verbundenen Augen und gefesselt in Haft gehalten. Ich kann keine Stellung zur Rolle von Pater Bergoglio bei diesen Vorgängen nehmen."

Nach der Freilassung der zwei Jesuiten verließ Jalics Argentinien. „Erst Jahre später hatten wir die Gelegenheit, mit Pater Bergoglio, der inzwischen zum Erzbischof von Buenos Aires ernannt worden war, die Geschehnisse zu besprechen. Danach haben wir gemeinsam öffentlich die Messe gefeiert, und wir haben uns feierlich umarmt. Ich bin mit den Geschehnissen versöhnt und betrachte sie meinerseits als abgeschlossen." Er wünsche dem neuen Papst, so fügte der heute 85-jährige Jalics hinzu, „Gottes reichen Segen für sein Amt".

Ein Bruder von Pater Jalics zeigte der *Frankfurter Allgemeinen Sonntagszeitung* im März 2013 einen Brief, den der Provinzial Bergoglio ihm damals nach dem Verschwinden der zwei Patres geschickt hatte. „Ich habe viele Aktionen unternommen bei der Regierung, damit Ihr Bruder freikommt", steht darin. „Ich habe diese Angelegenheit zu meiner Sache gemacht. Die Schwierigkeiten, die Ihr Bruder und ich gehabt haben über das religiöse Leben, haben damit nichts zu tun. Ich liebe ihn und ich werde alles tun, was ich kann, damit er freikommt." Doch nach Auskunft der Familie glaubt Jalics diesem Brief nicht wirklich. Er vermute, dass Bergoglio Yorio und ihn an die Junta verraten habe aus Ärger über ihre lebensgefährliche Arbeit in den Armenvierteln. Mehrmals habe Jalics das so ausgesprochen, berichtet sein Bruder. Doch am 20. März widersprach Pater Jalics dem in einer neuen Erklärung: „Orlando Yorio und ich wurden nicht von Pater Bergoglio angezeigt."

Der argentinische Menschenrechtsaktivist Adolfo Perez Esquivel, der 1980 den Friedensnobelpreis erhalten hat, verteidigte den neuen Papst in einem Gespräch mit der *BBC* gegen den Vorwurf, dem Regime gegenüber damals eine unklare Haltung eingenommen zu haben. „Es gab Bischöfe, die Komplizen der Diktatur waren, aber Bergoglio gehörte nicht zu diesen Kreisen. Viele Ordensleute haben die Militärs um die Begnadigung und Freilassung von Inhaftierten gebeten, aber nichts erreicht." Unter diesen Ordensleuten sei auch Bergoglio gewesen. Wer die damalige Zeit erlebt habe, der wisse, dass es keinerlei Verbindung zwischen Bergoglio und dem Regime gegeben habe. Allerdings habe ihm vielleicht der Mut gefehlt, „um unseren Kampf für die Menschenrechte zu begleiten". Die frühere Ministerin Graciela Fernández Meijide, die nach Argentiniens Übergang zur Demokratie zu einer Kommission für die Aufarbeitung von Menschenrechtsverstößen gehört hatte, erklärte, der Name Bergoglio sei bei den Nachforschungen nie aufgetaucht; der Jesuitentheologe Juan Carlos Scannone, ein Freund Yorios, der damals mit Bergoglio in derselben Kommunität zusammengewohnt hatte, beteuerte, der Provinzial habe wirklich alles versucht, um die beiden Mitbrüder freizubekommen. „Jeden Tag berichtete er, was er unternahm und was er in Erfahrung gebracht hatte."

Jesuitenpater Franz Jalics.

Auch der brasilianische Befreiungstheologe Leonardo Boff sprang dem neuen Papst bei: Bergoglio habe „viele gerettet und versteckt, die von der Militärdiktatur verfolgt wurden". Das war eine ungewöhnliche Intervention, wenn man bedenkt, dass Boff, damals Franziskanerpater, Mitte der 1980er-Jahre von Kardinal Joseph Ratzinger, damals Präfekt der vatikanischen Glaubenskongregation, wegen kontroverser Äußerungen in einem Buch über die Amtskirche zu einem Bußschweigen verurteilt wurde. Aus Ärger über die Lehrverurteilungen des späteren Papstes Benedikt XVI. hat Boff zu Beginn der 1990er-Jahre das Priesteramt niedergelegt und den Franziskanerorden verlassen. Der neue Papst ist zwar ein Freund der Armen und Beladenen, aber kein Sympathisant der Befreiungstheologie; auch vor diesem Hintergrund haben Boffs Worte Gewicht.

In *El Jesuita* und in einem Zeitschrifteninterview hat Bergoglio sich vor einigen Jahren bemüht, die Vorwürfe gegen ihn Punkt für Punkt zu widerlegen; er sagte aber zugleich im Rückblick auf sein Leben: „Die Wahrheit ist, dass ich ein Sünder bin, mit dem es das göttliche Erbarmen besonders gut gemeint hat. ... Fehler habe ich so viele begangen, dass ich sie gar nicht mehr zählen kann. Fehler und Sünden." Etwas jesuitisch mag in diesem Zusammenhang der Hinweis wirken, dass der heutige Papst 2006 ein Buch mit dem Titel *Über die Selbstanklage* geschrieben hat.

„Wir haben viel gelernt, denn er hat uns hinausgeschickt auf die Straße."

Pater Guillermo Ortiz
über seinen früheren Jesuitenoberen Jorge Mario Bergoglio

Im September des Heiligen Jahres 2000 formulierten die argentinischen Bischöfe, wesentlich auf die Initiative von Erzbischof Bergoglio hin, ein *Mea Culpa* für die Haltung vieler Kirchenleute zur Zeit des Militärregimes. „Wir waren zu nachsichtig gegenüber totalitären Positionen, die die demokratischen Freiheiten und die Menschenwürde verletzten; wir haben durch Taten oder Unterlassungen vielen unserer Brüder und Schwestern nicht beigestanden und nicht genug für die Verteidigung ihrer Rechte getan. Wir bitten Gott, den Herrn der Geschichte, unsere Reue anzunehmen und die Wunden unseres Volkes zu heilen. Oh Vater, wir müssen uns vor dir an diese dramatischen und grausamen Taten erinnern! Wir bitten dich um Verzeihung für das Schweigen der Verantwortlichen und dafür, dass viele deiner Kinder mitgemacht haben bei der politischen Konfrontation, bei der Verletzung der Freiheiten, bei Folter und Bespitzelung, bei politischer Verfolgung und ideologischer Verbohrtheit."

„Ich könnte Ihnen die Namen von Personen geben, die vor Folter und Tod gerettet wurden, weil Don Jorge sich für sie einsetzte."

Rabbiner Abraham Skorka, Buenos Aires

„Wir sind Teil unseres Volkes. Wir haben mit ihm zusammen Anteil an Sünde und Gnade", erklärte Bergoglio zur Vergebungsbitte der Bischöfe. „Wir können nur dann verkünden, dass Gott sich uns umsonst gibt, wenn wir dieses Umsonst selbst in der Vergebung unserer Sünden erlebt haben." Und weiter, mit spürbarem Stolz: „Kein Sektor der argentinischen Gesellschaft hat auf diese Weise um Vergebung gebeten."

Mit ihrem *Mea Culpa* folgten Bergoglio und die übrigen Bischöfe dem Aufruf des damaligen Papstes Johannes Paul II., die Kirche solle sich beim Eintreten ins neue Jahrtausend um eine innere Reinigung bemühen. Am 12. März 2000 organisierte auch Johannes Paul im Petersdom eine große Bußfeier für Sünden und Fehler von Katholiken im Lauf der Geschichte; dabei bat Kardinal Joseph Ratzinger um Vergebung für Methoden der Inquisition im Lauf der Geschichte, „die dem Evangelium nicht entsprochen haben". Der Journalist Heinz-Joachim Fischer nannte diese Fürbitte Ratzingers später „ein Schlüsselerlebnis": „die Bekehrung des Präfekten". Ob auch Erzbischof Jorge Mario Bergoglio nach dem Übergang seines Landes zur Demokratie im Rückblick auf die dunklen Jahre eine Art Bekehrung erlebt hat?

Der erste Märtyrer jedenfalls, den er als Papst seligspricht, könnte ein von der Militärjunta 1976 brutal ermordeter Priester sein. Das hat Franziskus in seinen ersten Amtstagen angedeutet. Der

Franziskaner Carlos Murias war in dem Örtchen El Chamical von Soldaten entführt und auf einer Militärbasis grausam gefoltert worden; seinen Leichnam fand man dann auf einem Feld, Augen und Hände fehlten. Kardinal Bergoglio hatte im Mai 2011 den Seligsprechungsprozess in Gang gebracht, „und zwar diskret", wie der Franziskanerprovinzial Carlos Trovarelli erläutert. „Er wollte nicht, dass andere argentinische Bischöfe die Sache blockierten aus Ärger über solche sozial engagierten Priester."

„Die ganze rechte Szene war dagegen"

Bergoglios Jahre als Jesuitenprovinzial waren nicht nur deswegen schwierig, weil sie in die Zeit der Diktatur fielen. Es gärte auch innerhalb des Ordens: Ein Teil der Jesuiten schrieb sich die Theologie der Befreiung auf die Fahnen und wollte noch näher bei den Armen und Verstoßenen sein, bis hin zum politischen Kampf. Bergoglio war da skeptisch; auch er war für eine Kirche der Armen, aber er sah Priester und Ordensleute nicht als Politiker. Wer für die Befreiungstheologie eintrat, erlebte und erlebt den heutigen Papst als eine „komplexe und ambivalente Persönlichkeit", wie die Theologin Martha Zechmeister formuliert, die Gastprofessorin in El Salvador war: Auf der einen Seite trete er „energisch für Marginalisierte und Ausgebeutete" ein und habe „Mut zur Anklage". Auf der anderen Seite verfüge er aber über einen „sehr konservativen theologischen Hintergrund und ein eher autoritäres Selbstverständnis". Die Befreiungstheologie habe „ihr Gutes und ihr Schlechtes" – zu sehr viel mehr als diesen Worten ließ sich Kardinal Bergoglio in *El Jesuita* nicht hinreißen. Je mehr in der Kirche das Bewusstsein für den Reichtum der Volksfrömmigkeit gewachsen sei, umso mehr sei „die Gefahr einer ideologischen Infiltration geschwunden". „Autoritäres Selbstverständnis"? Der

Leonardo Boff.

Mann war nicht umsonst wegen der straffen Struktur in den Jesuitenorden eingetreten: Er praktizierte als Provinzial trotz aller Einfachheit im Auftreten die klare Ansage und das Durchregieren. Damit machte er sich innerhalb der argentinischen Ordensprovinz auch Gegner. „Entweder man war von ihm begeistert, oder man lehnte ihn ab, dazwischen gab es nichts", erzählen Jesuiten, die Bergoglio damals erlebt haben. Er habe, behaupten einige, eine in sich gespaltene Ordensprovinz hinterlassen.

Kardinal Karl Lehmann zeichnet Bergoglio aus heutiger Sicht dennoch ein in das Bild vom Aufbruch der lateinamerikanischen Kirche, innerhalb dessen „die Befreiungstheologie eigentlich nur ein Rinnsal" gewesen sei. „Man darf nicht vergessen, dass der lateinamerikanische Halbkontinent nach

dem Zweiten Vatikanischen Konzil", das 1965 zu Ende ging, „durch die Vollversammlungen der lateinamerikanischen Bischöfe vielleicht die tiefste und glücklichste Einwurzelung des Konzils in einer Weltregion hatte", so Lehmann in der Nacht nach der Papstwahl bei seiner Pressekonferenz im *Campo Santo Teutonico* des Vatikans. Die Befreiungstheologie nur ein Rinnsal? „Bis Gustavo Gutiérrez Merino seine *Theologie der Befreiung* schrieb, war es jedenfalls ein relativ langer Weg, und auch nicht der einzige", gab Kardinal Lehmann zu bedenken. „Die Option für die Armen ist schon sehr verwurzelt, das ist auch gar nicht mehr totzukriegen, und der neue Papst ist nicht so weit weg davon wie andere, die heute jünger sind. Er gehört zu dieser Generation; das kennt er, das hat er mitgemacht."

Der frühere Leiter des bischöflichen deutschen Hilfswerks *Misereor*, Josef Sayer, hat Bergoglio vier Wochen lang auf der bislang letzten der großen

Pontifikalamt mit Pilgern am 5. Oktober 2008 vor der Basilika der *Jungfrau von Luján*, der Patronin Argentiniens.

lateinamerikanischen Kirchenkonferenzen erlebt; sie fand 2007 im brasilianischen Wallfahrtsort Aparecida statt, und der Argentinier war da längst Kardinal und Erzbischof. „Gleich zu Beginn wurde Bergoglio an die Spitze der Redaktionskommission gewählt, die verantwortlich ist für das Abschlussdokument und damit für ein Zehnjahres-Programm der Kirche in Lateinamerika", erinnerte sich Sayer in der *Berliner Zeitung*. „Das war ein klarer Vertrauensbeweis seiner Mitbrüder." Er habe schnell festgestellt, dass Bergoglio „auf andere hören, deren Meinungen und Positionen aufnehmen und zum Wohl des Ganzen zusammenführen kann". So autoritär, wie Bergoglio in den 1970ern auf viele Mitbrüder im Jesuitenorden gewirkt haben mochte, hat Sayer ihn einige Jahrzehnte später nicht empfunden.

Die Konferenz von Aparecida habe unter dem Mitwirken Bergoglios ganz bewusst den Dreischritt *Sehen – Urteilen – Handeln* als Methode gewählt, „obwohl das einem Teil der Bischöfe gar nicht passte": „Die ganze rechte Szene war dagegen und beharrte darauf, zunächst die kirchliche Lehre darzustellen und daraus Ableitungen für das Leben zu treffen." Bergoglio und Gleichgesinnte seien hingegen genau umgekehrt vorgegangen: „Erst die Situation und das Leben analysieren, also etwa die Lage der Menschen in Lateinamerika. Dann die Situation von der Botschaft des Evangeliums her bedenken. Und schließlich Empfehlungen für die kirchliche Praxis geben."

Er habe aus dem Mund des heutigen Papstes „die schärfste Verurteilung des neoliberalen Wirtschaftsmodells vernommen, die ich bis dahin gehört habe", so Sayer: „Diese globale Wirtschaftsordnung braucht die Armen nicht. Sie sind nicht nur Marginalisierte und Ausgeschlossene, sondern lediglich ‚Abfall'. Diese Aussage mit ihrem klaren Blick für die Realität, für Ungleichheit und Ungerechtigkeit prägt auch das Schlussdokument von Aparecida."

Plötzlicher Aufstieg

Doch zu Ende der 1970er-Jahre waren von Jorge Mario Bergoglio keine großen Reden in der argentinischen Öffentlichkeit zu hören: Seine Zeit als Jesuitenprovinzial endete, er wurde Theologieprofessor, Rektor und Gemeindepfarrer. In gewisser Weise war er damit von der Bühne verschwunden. Dazu passt auch sein hessisches Zwischenspiel:

Helma Schmidt zeigt Briefe, die sie und ihr Ehemann mit Jorge Mario Bergoglio, dem heutigen Papst Franziskus, gewechselt haben. Bergoglio besuchte 1985 einen zweimonatigen Deutschkurs am Goethe-Institut und wohnte in dieser Zeit im Haus von Familie Schmidt in Boppard am Rhein.

Mitte der 1980er-Jahre – da hatte Argentinien gerade mit Großbritannien Krieg um die Falkland-Inseln geführt, einen Kurzbesuch von Papst Johannes Paul II. erlebt und 1983 den Schwenk zur Demokratie geschafft – verbrachte er einige Wochen in Frankfurt am Main. Er wollte sich dort mit einigen Professoren der Jesuitenhochschule Sankt Georgen über ein mögliches Dissertationsthema beraten. „Padre Jorge", der mit guten Deutschkenntnissen glänzte, schwebte eine Doktorarbeit über den Theologen und Religionsphilosophen Romano Guardini vor, zu dem es in der Sankt Georgener Bibliothek einiges Material gab. (Auch Benedikt XVI., der emeritierte Papst, ist ein großer Anhänger Guardinis und hat ihn bei seiner letzten großen Ansprache vor Kardinälen zitiert.) Doch aus irgendwelchen Gründen wurde nichts aus dem Projekt. Bergoglio kehrte zurück in seine Heimat und in den Lehrbetrieb; die *Gesellschaft Jesu* schickte ihn an die Jesuitenkirche in Cordoba, als geistlichen Begleiter und Beichtvater.

Aus dieser Versenkung – wenn es denn eine war, denn Jesuiten sollen ja nicht nach Ämtern streben – holte ihn, für viele überraschend, Papst Johannes Paul II. Der polnische Pontifex war eigentlich kein besonderer Freund des Jesuitenordens; nur drei Jahre nach seinem Amtsantritt hatte er den Jesuitengeneral Pedro Arrupe abgesetzt und einen Pater seines Vertrauens mit der kommissarischen Leitung der Gesellschaft beauftragt. Doch als der Erzbischof von Buenos Aires, Kardinal Antonio Quarracino, ein früherer Präsident des lateinamerikanischen Bischofsrates CELAM, sich den Jesu-

Nach dem Großbrand in einer Diskothek der argentinischen Hauptstadt im Januar 2005 feiert der Kardinal eine Messe für die Todesopfer in der Kathedrale und spricht mit den Angehörigen.

Im Armenviertel *Villa 21*, die Kardinal Bergoglio häufig besuchte, leben 30.000 Menschen.

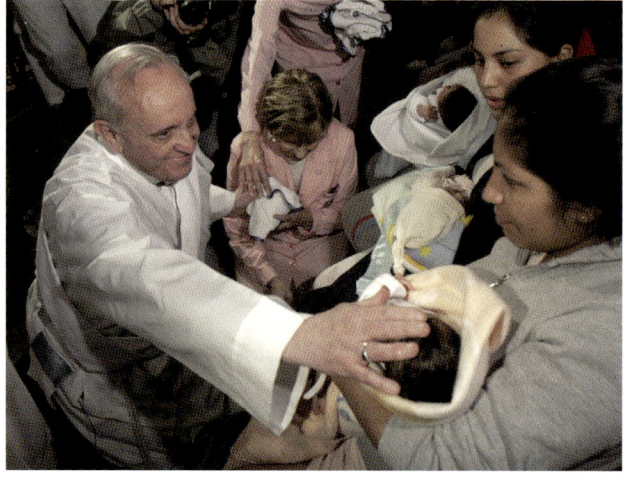

Begegnung nach der Messfeier. Aufnahme vom 21. März 2011.

iten Bergoglio als Weihbischof in der Hauptstadt wünschte, kam Johannes Paul 1992 der Bitte nach. Im Juni jenes Jahres legten Quarracino, der päpstliche Nuntius in Argentinien und der Bischof von Mercedes-Luján Bergoglio in der Kathedrale von Buenos Aires die Hände auf. Er war Bischof.

„Ein Mann des Gebets. Dazu berufen, ein Heiliger zu sein. Arm um des Gottesreiches willen, wie Jesus. Nicht nur für den Dienst im eigenen Bistum geweiht, sondern für das Heil aller Menschen." So umriss Jorge Mario Bergoglio in einem Vortrag auf einer vatikanischen Bischofssynode im Jahr 2001 das Profil eines Bischofs. Ein hoher Anspruch zeigt sich da. Eigentlich sollte der Vortrag eine Zusammenfassung der Debatten auf der Synode vorlegen, aber schon an den Überschriften der einzelnen Kapitel ist deutlich die Handschrift Bergoglios zu erkennen. Fünf Jahre nach der Bischofsweihe erhob Johannes Paul den Weihbischof zum Koadjutor mit dem Recht der Nachfolge: Das bedeutet, dass Bergoglio zum Nachfolger seines Förderers Quarracino designiert wurde und bei dessen Ausscheiden aus dem Amt automatisch zum Primas von Argentinien aufsteigen würde. Der Fall trat schon knappe neun Monate später ein. Kardinal Quarracino starb; der kleine Jorge, der auf den Bürgersteigen von Flores gespielt hatte, wurde Ende Februar 1998 zum Erzbischof von Buenos Aires und 2001 auch zum Mitglied im Kardinalskollegium.

Zwei Jesuiten standen damit 2001 an der Spitze von wichtigen Erzbistümern: Bergoglio am Rio de la Plata, Carlo Maria Martini in Mailand. Martini war ein Bibelwissenschaftler, den Johannes Paul II. 1979, seinem erwähnten Misstrauen dem Orden gegenüber zum Trotz, zum Leiter von Europas größtem Erzbistum ernannt hatte und der sich als intellektueller Leuchtturm über Italien hinaus erwies, vor allem mit seinen Initiativen zum Gespräch mit

Nichtglaubenden; so richtete er etwa im Mailänder Dom eine Vortragsreihe ein, die er *Kathedra der Nichtglaubenden* nannte. Im Konklave von 2005 konzentrierten sich, wenn die gängigen Behauptungen und Andeutungen stimmen, die Hoffnungen der Kardinäle, die man grob verkürzend mit dem Etikett „progressiv" versah, ausgerechnet auf die beiden Jesuiten-Kardinäle. Und beide lehnten, denselben Quellen zufolge, ab und machten damit die Wahl Benedikts XVI. möglich. Martini starb im August 2012, Papst Ratzinger trat Ende Februar 2013 vom Amt zurück – und Bergoglio wurde zur allgemeinen Überraschung doch noch Papst.

Erhebung zum Kardinal am 21. Februar 2001: Jorge Mario Bergoglio bei Papst Johannes Paul II.

„Bitte nicht an die Kurie, sonst sterbe ich"

Erzbischof der Armen, von Präsident Néstor Kirchner wahlweise als „heimlicher Oppositionsführer" oder als „Teufel im Talar" bezeichnet: Jeder

Erzbischof Kardinal Bergoglio mit Eliza (9) und Angela (12) bei einem Gottesdienst in der Kirche der *Jungfrau Maria von Caapuche* (Aufnahme von Ostern 2000).

in Argentinien wusste, auf wessen Seite Bergoglio stand. Beide Kirchners, also sowohl Néstor als auch seine Frau Cristina, die ihm nach seinem Tod 2010 im höchsten Amt nachfolgte, vermieden es seit 2005, am 25. Mai, dem Nationalfeiertag, in die Kathedrale der Hauptstadt zu gehen, weil sie die deutlichen Predigten des Kardinals für die Ausgestoßenen („Man muss die Armut bekämpfen, nicht die Armen!") und gegen die Arroganz der Macht auf sich selbst bezogen. Dabei wurde Bergoglio aber keineswegs ausfallend, er wusste meistens zu überraschen. Um einer diskreditierten Elite den Spiegel vorzuhalten, wählte er einmal das Beispiel des Zöllners Zachäus aus dem Evangelium. Zachäus war korrupt und verdorben, aber als er hörte, dass Jesus kommen würde, stieg er auf einen Baum. Macht es wie Zachäus, riet der Kardinal. Steigt auf den Baum und lasst Jesus machen.

„Mitte November wollten ihn die Bischöfe Argentiniens zu ihrem Vorsitzenden wählen, aber er hat abgelehnt", berichtete die italienische Zeitschrift *L'Espresso* Ende 2002. Drei Jahre später nahm Bergoglio den Vorsitz dann doch an und behielt ihn bis Ende 2011. In dieser Zeit kämpfte er gegen die Straflosigkeit des Drogenbesitzes für den Privatkonsum, später auch gegen Pläne zur Legalisierung der Ehe von zwei Partnern desselben Geschlechts und gegen Abtreibung. Gleichzeitig machte er sich aber immer wieder zur Stimme der Armen und Ausgeschlossenen, etwa in einer Predigt gegen Menschenhandel: „Hunderte von Kindern verschwinden und werden als Frischfleisch verkauft. Bestürmen wir den Himmel, dass das nicht unserer Familie zustößt! Es gibt Wölfe, die unsere Kinder rauben, die sie ausbeuten und zur Prostitution zwingen." 2009 richtete er ein eigenes Bischofsvikariat für die Pastoral in den Favelas ein: „weil die Gesellschaft grausam

„Man muss die Armut bekämpfen, nicht die Armen!"
Kardinal Jorge Mario Bergoglio

ist und nur sieht, was sie sehen will, aber das Gesicht der Armen am liebsten auslöschen würde".

„Gott wohnt in der Stadt", proklamierte er in einem Vortrag im August 2011. „Er diskriminiert nicht. Seine Wahrheit ist die der Begegnung, bei der man sich ins Gesicht sieht, und jedes Gesicht ist einzig. Die Menschen mit ihrem eigenen Gesicht und ihrem eigenen Namen zu akzeptieren, bedeutet nicht, dass man Werte relativiert. Nur der Blick der Liebe diskriminiert nicht und relativiert nicht."

Acht Mal tauchte Bergoglios Name in vertraulichen US-Depeschen des neuen Jahrtausends auf, die durch *Wikileaks* an die Öffentlichkeit geraten sind. Der Erzbischof galt den US-Diplomaten, wie diese nach Washington kabelten, als wichtige Gegenfigur zum Kirchner-Clan. Bergoglio sei „besorgt über die Machtkonzentration in Kirchners Händen" – damit war noch Präsident Néstor Kirchner gemeint – „und über die Schwächung der demokratischen Institutionen Argentiniens". Es sei Bergoglios Idee gewesen, einen bekannten Muslim zum Parlamentskandidaten einer Oppositionspartei zu machen. Von direkten Treffen des Kardinals mit US-Diplomaten war allerdings keine Rede in den Geheimberichten.

„Schüchtern" sei er, schrieb *L'Espresso*, dabei „geradlinig, ein Mann weniger Worte, der nichts tut, um für sich Werbung zu machen. Doch gerade das gilt als eine seiner großen Tugenden." Nach seiner Zeit als Jesuitenprovinzial sei er umstandslos „in den Schatten zurückgetreten", dort habe Kardinal Quarracino ihn regelrecht „herausfischen müssen". Interviewwünsche lehnte er fast immer ab – aber nicht, wenn das kleine Pfarreiblatt *Sternchen von Betlehem* ihn darum bat. Zu seiner Kardinalserhebung wollte er keine große Delegation aus der Heimat in Rom sehen: „Bleibt zu Hause und gebt das Geld stattdessen denen, die es brauchen", bat er. Mit seinem einfachen persönlichen Stil und dem *Mea Culpa* für das Versagen von Kirchenleuten zu Zeiten der Diktatur gewann er für die Kirche Respekt zurück in einer Gesellschaft, in der bis heute viele antiklerikal denken. Auch die „Mütter von der *Plaza de Mayo*", die der katholischen Kirche ihre Verwicklungen in die Verbrechen der Diktatur nicht verzeihen können, respektierten ihn. „Er hat ja selbst seine Schwierigkeiten mit dem kirchlichen Milieu gehabt", so *L'Espresso*. Dass viele sagten, sie glaubten an Gott, aber nicht an die Priester, fand Kardinal Bergoglio in *El Jesuita* „in Ordnung so". „Viele von uns Priestern verdienen ja auch nicht, dass man an sie glaubt!"

Vor dem Gepäckband sind alle gleich

Für seine Priester wollte er immer erreichbar sein. Er gab ihnen seine Telefonnummer und sagte ihnen: „Ruft jederzeit an, wenn ihr irgendetwas auf dem Herzen habt." Einen Sekretär brauchte er nicht, denn seinen Terminplan stellte er sich selbst zusammen, zu Taufen oder Erstkommunionfeiern kam er mit einem städtischen Bus angerollt, und oft saß er wie ein Dorfpfarrer im Beichtstuhl. Als Jerónimo José Podestá im Sterben lag (das war ein früherer ka-

Trotz eines nicht leichten Verhältnisses miteinander sprechen: Kardinal Bergoglio und die argentinische Präsidentin Cristina Kirchner am 18. März 2010.

tholischer Bischof, der sein Amt niedergelegt hatte, um zu heiraten), kam Bergoglio an sein Sterbebett.

Man könne Bergoglio gegenüber nicht gleichgültig sein, er schaffe sich nur Freunde oder Feinde, sagt José María Poirier von der katholischen Zeitschrift *Criterio:* „Er war immer ein Mann des Bruchs. Oder der Grenze, wie er selbst das lieber formuliert. Auf gleicher Distanz zur Befreiungstheologie wie zum Opus Dei." Für einige ein Reaktionär, für andere ein Revolutionär. „Es ist sehr schwer, ihn zu definieren. Er hat die Bischöfe in komplizierten Jahren zusammengehalten, aber sowohl innerhalb der jesuitischen Gemeinschaft wie innerhalb der Kirche Argentiniens wird er entweder sehr geliebt oder sehr gehasst. Dazwischen gibt es nichts."

Gute Kontakte pflegte er zu evangelischen Gruppen, allerbeste zur jüdischen Gemeinschaft. Im November 2012 lud er zum Gedenken an die „Reichskristallnacht" in die Kathedrale von Buenos Aires ein, dabei bat er „um Vergebung für die Sünde, dass wir uns nicht um das Schicksal unse-

rer eigenen Brüder gekümmert haben" – Worte, die man eher von einem Deutschen als von einem Argentinier erwartet hätte. Übrigens warf er bei der gleichen Gelegenheit auch den USA in deutlichen Worten vor, dass sie „aus politischem Opportunismus" nicht die Bahnstrecken zum Vernichtungslager Auschwitz bombardiert hätten, „obwohl sie über die Mittel dazu verfügten". Bergoglio nahm Ende letzten Jahres auch an Friedensgebeten in einer Synagoge und in einer Moschee teil und lud auch selbst jüdische und muslimische Repräsentanten zu einem solchen Gebet in seine Kathedrale.

Große Reisen lagen ihm nicht. 1970 hatte er seine erste Auslandsreise überhaupt unternommen, nach Kolumbien. Von Europa kannte er, außer Italien, eigentlich nur Madrid und Umgebung, Sankt Georgen sowie, von einem Sprachaufenthalt her, Irland. Als er einmal für einen Posten an

12. Dezember 2012: Erzbischof Bergoglio beim Entzünden des Chanukkaleuchters mit zwei befreundeten Rabbinern aus Buenos Aires, Sergio Bergman (li.) und Alejandro Avruj (Mi.).

der Kurie ins Gespräch kam, lehnte er sofort ab: „Bitte nicht an die Kurie, sonst sterbe ich!" Doch ein paar Mal im Jahr musste er nach Rom kommen, um in den Vatikan-Einrichtungen, zu denen er gehörte, an Sitzungen teilzunehmen; dazu buchte er jedesmal Tickets bei einem Billigflieger und wartete in aller Seelenruhe am Gepäckband, bis sein Koffer kam. „Einmal habe ich dort einen Unternehmer gesehen, der sich ärgerte, dass das länger dauerte mit seinem Koffer; der machte so ein Gesicht, als ob er sagen wollte: Man lässt mich hier warten, als wäre ich irgendein Ladenbote! Das hat mich sehr traurig gemacht: dass jemand, der so erfolgreich war, doch in etwas so Wesentlichem versagte." Vor dem Gepäckband seien „alle gleich".

Er stieg nicht in der Jesuitenkurie direkt am Vatikan, sondern in einem billigen Kleriker-Gästehaus in der Nähe des Pantheons ab (Halbpension: 60 Euro) und verband seinen Aufenthalt, wenn sich das einrichten ließ, mit einem Abstecher nach Turin, wo er eine Kusine hatte. Diese Kusine nähte ihm übrigens („Es hat keiner gemerkt") seinen

Kardinalstalar, weil Bergoglio für einen solchen nicht 6.000 Euro ausgeben wollte. „Mein Vetter wäre imstande, den Vatikan in die Luft zu sprengen", behauptet Giuseppina Ravedone Martinengo, „das ist jemand, der alles revolutioniert, der ist fähig, alles den Armen zu schenken." Ihr argentinischer Verwandter habe oft zu ihr gesagt: „Ihr seid reich, und bei uns sterben Kinder an Hunger!" Sie habe ihm immer wieder ein bisschen Geld zugesteckt. „Er bringt mir ja auch immer irgendwas mit, das letzte Mal zum Beispiel einen Schal."

„Antworten auf alles" habe er nicht, formulierte Bergoglio in *El Jesuita*. „Noch nicht einmal alle Fragen. Ich stelle mir immer mehr Fragen, es kommen immer neue … Und ich muss zugeben, dass die jeweils erste Antwort, die mir in den Sinn kommt, in der Regel falsch ist." Darum habe er gelernt, „meiner ersten Reaktion zu misstrauen". „Aber vor der Einsamkeit der Entscheidungen rettet uns keiner. Man

Kardinal Bergoglio bei der Unterzeichnung eines Aufrufs der großen Religionen gegen Terrorismus und für friedliches Zusammenleben (Buenos Aires, 9. August 2005).

kann einen anderen um Rat fragen, aber auf längere Sicht muss man doch selbst entscheiden." Darum sei es „so wichtig, sich in allem Gott zu empfehlen".

Mit dem Katechismus gegen die Krise

1998 schlitterte Argentinien in eine schwere Wirtschaftskrise, die in manchen Punkten wie eine Vorwegnahme der derzeitigen Euro-Krise wirkt. Die Produktivität stürzte ab, Präsidenten kamen und gingen, die Regierung erklärte den Staatsbankrott und musste den Peso abwerten. Zu Beginn des Jahres 2002 blieben die Banken mehrere Tage lang zwangsweise geschlossen, aus den Automaten kam kein Geld mehr. Da hatte es schon längst fast 30 Tote bei Demonstrationen im Zentrum von Buenos Aires gegeben; Menschen aus der Mittelklasse, die plötzlich vor dem Nichts standen, schlugen mit Suppenkellen oder Löffeln auf Kochtöpfe ein, ein ohrenbetäubender Krach als Zeichen des Protestes. Was heute Athen ist, war damals Buenos Aires. Auch der Erzbischof hörte den *cacerolazo* (von „cacerola", Kochtopf). Die argentinischen Bischöfe mussten reagieren.

Aber sie schrieben keinen Hirtenbrief gegen Neoliberalismus, Auslandsschulden, Globalisierung und die Arroganz einer Elite, die auf Kosten der Armen lebt, wie man sich das eigentlich hätte erwarten können. Sie lancierten auch nicht einfach einen Appell zu mehr sozialer Gerechtigkeit. Stattdessen rieten sie den Argentiniern in einem Brief, dessen unpathetischer Stil deutlich Bergoglios Einfluss verrät, jetzt doch einmal zum Katechismus, zu den Zehn Geboten und zu den Seligpreisungen Jesu zu greifen. Das war in dieser verzweifelten Lage eine ungewöhnliche Empfehlung.

> „Vor der Einsamkeit der Entscheidungen rettet uns keiner."
> *Kardinal Jorge Mario Bergoglio*

„Wir präsentieren die Botschaft des Katechismus so, wie sie ist", erklärte der Erzbischof der Hauptstadt. „Wer ihm folgt, rettet sich selbst und die anderen. Die Leiden unseres Volkes sind uns klar: Viele Kinder sind unterernährt, in den Krankenhäusern fehlt das Nötigste zur Grundversorgung der Patienten. In dieser Lage die Botschaft Jesu Christi zu präsentieren bedeutet, den Weg zu zeigen, den er gebahnt hat. Um von Seiner Würde her Würde zu bewahren. Jeder in unserem Volk hat ein Recht darauf, dass seine Würde respektiert und nicht mit Füßen getreten wird. Die Würde einer Frau, eines Mannes, eines Kindes, eines alten Menschen mit Füßen zu treten, ist eine schwerwiegende Sünde, die zum Himmel schreit."

Mit dem Katechismus gegen die Krise – das scheint naiv, in Wirklichkeit ist es jesuitisch. In diesen Anti-Krisen-Empfehlungen blitzt die Ambivalenz auf, die zu Bergoglio-Franziskus gehört: Schlauheit und Einfachheit, Kampf für die Armen und Gottvertrauen.

Aber den Staats- oder Regierungschefs des Euro-Raums wird der neue Papst vielleicht doch nicht einfach den *Katechismus der Katholischen Kirche* in die Hand drücken, wenn sie zur Audienz in den Vatikan kommen. Stattdessen dürfte er auch ihnen gegenüber ausführen, was er der inzwischen eingestellten Zeitschrift *30 Tage in Kirche und Welt* nach dem Katechismus-Hirtenbrief einmal sagte. Viele Aspekte habe die argentinische Krise, die im Wesentlichen eine moralische sei: „die Verschwendung von Steuergeldern, ein extremer Liberalismus verbunden mit der Tyrannei des Marktes, Steuerhinterziehung, fehlender Respekt vor Recht und Gesetz beim Bürger wie beim Gesetzgeber und der Regierung,

der Sinnverlust der Arbeit, kurz, eine allgemeine Korruption". Ein „richtiggehender Wirtschafts- und Finanzterrorismus" habe „die Mittelklasse drastisch reduziert und die Zahl der Armen anschwellen lassen". Dazu komme ein Notstand im Schul- und Ausbildungsbereich: „In diesem Augenblick gibt es in Buenos Aires und Umgebung zwei Millionen junge Leute, die weder studieren noch arbeiten."

Die „Vergötzung des Geldes" ließ ihn an das Goldene Kalb des Buches Exodus denken. „Wo man sich Götzen macht, da werden Gott und die Würde des Menschen, der nach Gottes Bild gemacht ist, gleichzeitig ausgelöscht. ... Die Spekulationswirtschaft braucht noch nicht einmal mehr Arbeit, sie weiß gar nicht, was sie mit Arbeit anfangen soll. Sie folgt dem Götzen des Geldes, der sich von selbst vermehrt, und nimmt Millionen von Arbeitslosen in Kauf." Hier sprach einer, der mit 13 Jahren schon mit dem Wischmopp regelmäßig durch eine Strumpffabrik gezogen war. Aber Lateinamerika habe „religiöse und spirituelle Ressourcen", die sich den „politischen und wirtschaftlichen Systemen" entgegensetzen ließen, spann Bergoglio den Faden weiter. Diese Ressourcen zeigten sich in der Volksfrömmigkeit und in der „Einfachheit des Glaubens" so vieler Lateinamerikaner. „Die

Kardinal Bergoglio bei der Vorstellung eines Grundsatzpapiers über die Rolle der Bischöfe in Kirche und Gesellschaft im vatikanischen Pressesaal am 17. Oktober 2003.

christliche Erfahrung ist nicht ideologisch. Sie ist originell. Das kommt aus dem Staunen über die Begegnung mit Jesus Christus, aus dem Sichwundern über die Person Jesu Christi." Das Staunen über eine Begegnung. Mit genau diesen Worten hatte der heutige Papst schon sein Berufungserlebnis bei einer Beichte im September 1953 beschrieben.

Rezepte gegen die Krise wollte Kardinal Bergoglio vor einem Jahrzehnt, will wohl auch Papst Franziskus heute nicht anbieten; das sei nicht die Aufgabe der Kirche, sie sei ja „keine Lobby, keine Pressuregroup". Doch an der internationalen Gemeinschaft und den großen Finanzinstitutionen ließ er damals in seinem Gespräch mit *30 Tage* kein gutes Haar: „Für mich sieht es nicht so aus, als ob sie tatsächlich den Menschen ins Zentrum ihres Denkens stellen würden, allen schönen Worten zum Trotz. Sie sprechen dauernd von Ethik und Transparenz, während sie den Regierungen ihre strengen Auflagen geben." Die Kirche aktiviere das Netz der Pfarreien, um warme Mahlzeiten für Kinder und für die wachsende Zahl der Obdachlosen zu

organisieren. „Aber wir haben die Systeme satt, die Arme produzieren, damit dann die Kirche sie unterstützt." Man müsse dringend „die Wichtigkeit der Politik, auch wenn die Politiker sie diskreditiert haben, als eine der höchsten Formen der Nächstenliebe wiederentdecken!" Politik habe doch die Aufgabe, sich vor allem um die Schwächsten zu kümmern, „denn ein Volk, das nicht seine Kinder und seine Alten pflegt, hat keine Hoffnung".

„Wie wird das alles enden?", fragte der Interviewer Gianni Valente am Schluss des Gesprächs.

Besuch in der Favela am 3. März 2013, wenige Tage vor der Papstwahl: Es gibt das Nationalgetränk Mate.

Und mit einem plötzlichen Schwenk drehte der Erzbischof aus der Düsternis ins Positive herüber: „Ich glaube an Wunder. Die Argentinier sind ein großes, schönes Volk. Die spirituellen Ressourcen, die sie haben, sind schon ein Ansatzpunkt fürs Wunder. Und wie sagt doch Manzoni: ‚Der Herr fängt nie ein Wunder an, ohne es auch zu Ende zu führen.' Ich erwarte mir, dass alles gut ausgeht!"

Kardinal Bergoglio im Konklave 2005

Als Johannes Paul II. am 2. April 2005 starb, ging eines der großen Pontifikate der Kirchengeschichte zu Ende. Der polnische Papst hatte in mehr als 26 Amtsjahren über 100 Pastoralreisen durchgeführt und mit Freiheitsappellen zum Sturz des kommunistischen Systems in Osteuropa beigetragen. Der Dekan des Kardinalskollegiums, Joseph Ratzinger, war der erfahrenste der (damals wie 2013) insgesamt 115 Teilnehmer an der Papstwahl; er hatte, anders als fast alle, seinen roten Hut schon von Paul VI. erhalten und nicht erst von Johannes Paul; außerdem hatte er schon zweimal an einem Konklave teilgenommen. Weil er die Beerdigungsfeierlichkeiten Johannes Pauls und den Einzug ins Konklave leitete, richteten sich von Anfang an viele Blicke auf ihn, wenn über den nächsten Papst spekuliert wurde. Das von der Presse so genannte Reformerlager unter den Kardinälen setzte hingegen allem Anschein nach auf den mit Ratzinger ungefähr gleichaltrigen Kardinal Carlo Maria Martini (78), der Jesuit, Bibelwissenschaftler und emeritierter Erzbischof von Mailand war.

Am 18. April 2005 begann das Konklave in der Sixtinischen Kapelle. Eine hauchdünne Mehrheit der Wähler waren Europäer, die Italiener stellten unter ihnen mit 20 Kardinälen die größte nationale Gruppe, darauf folgten Deutsche (6), Spanier (ebenfalls 6) und Franzosen (5). Die anderen nationalen Gruppen, die ins Gewicht fielen, waren vor allem die US-Amerikaner mit 11 Stimmen, gefolgt von Brasilianern und Mexikanern (beide jeweils 4) sowie Kanadiern und Kolumbianern (beide jeweils 3).

Als *papabile* galten die Kardinäle Ratzinger und Bergoglio beide im Konklave von 2005, aus dem Benedikt XVI. als Pontifex hervorging. Acht Jahre später sind sie emeritierter und amtierender Papst.

Die Darstellungen, wie genau die Wählerdynamik hinter den verschlossenen Türen aussah, gehen naturgemäß auseinander. Wegen des Vertraulichkeitsschwurs der Teilnehmer ist den Schilderungen nur bedingt zu trauen, erst recht, wenn Zahlen und Abstimmungsergebnisse genannt werden. Klar scheint immerhin, dass Martini unter Verweis auf seine Parkinson-Erkrankung seine Wähler bat, ihm keine Stimme mehr zu geben. Daraufhin soll der Argentinier Jorge Mario Bergoglio genug Stimmen bekommen haben, um als ernsthafter Gegenkandidat zu Ratzinger zu gelten. Offenbar, um die Bildung von zwei sich gegenseitig blockierenden Wählerblöcken zu verhindern – das hätte das Konklave in die Länge gezogen –, soll Bergoglio (nach einigen Angaben unter Tränen) seine Wähler beschworen haben, es sich anders zu überlegen. Damit stand einer Wahl Ratzingers zum Papst nichts mehr im Weg, sie erfolgte am Abend des 19. April 2005 im vierten Wahlgang.

Erste Schritte eines Pontifikats

„Ich möchte eine arme Kirche für die Armen": Mit Sätzen wie diesem lässt Papst Franziskus von Beginn seiner Amtszeit an aufhorchen. Der neue Pontifex streichelt Hunde, zahlt selbst seine Hotelrechnung, zitiert aus dem Gedächtnis Hölderlin und steht nach der Messe in einer Pfarrkirche draußen an der Tür wie ein Pfarrer, um die Gläubigen zu begrüßen. Ein überraschender Papst, der viele Erwartungen weckt — Erwartungen, die er vielleicht nicht alle erfüllen kann.

Die Rechnung, bitte

Noch keine 24 Stunden ist die Wahl von Jorge Mario Bergoglio zum Papst her, und schon sind lauter Geschichten über ihn in Umlauf. Man habe den Papst am Morgen mit einem schwarzen Mantel auf einer Straße in der Nähe gesehen, höre ich, als ich am Donnerstag, dem 14. März, an meinem Arbeitsplatz erscheine. In diesem Moment jault vor meinem Fenster eine Polizeisirene auf; ich schaue hinaus und sehe unten drei schwarze Autos vorbeifahren, eskortiert von zwei Polizisten auf Motorrädern. Durch eines der Autofenster erkenne ich den Ärmel eines Prälatengewands; ich kann gar nicht anders, als zu denken: Bestimmt sitzt in einem dieser Wagen Papst Franziskus.

Am ersten Morgen im Amt: Blumen für die Madonna. Franziskus besucht die Basilika *Santa Maria Maggiore*.

Tatsächlich fährt der neue Papst an diesem Morgen zur Basilika Santa Maria Maggiore, um vor dem Marienbild *Salus Populi Romani* zu beten und Blumen niederzulegen. Danach verharrt er einen Moment vor dem Altar, an dem der Gründer seines Ordens, Ignatius von Loyola, 1538 seine erste Messe nach der Ankunft in Rom gefeiert hat, und verlässt die Kirche durch den Seiteneingang, einigen Schülerinnen zuwinkend, die ihn erkannt haben. An seiner Seite – Papst Bergoglio hat offenbar noch keinen Sekretär – ist Erzbischof Georg Gänswein, der Sekretär des emeritierten deutschen Papstes und gleichzeitig Präfekt des Päpstlichen Hauses, damit zuständig für öffentliche Termine des Kirchenoberhaupts. Auf der Rückfahrt in den Vatikan legt Franziskus dann noch einen Zwischenstopp in der Nähe des Pantheons ein, um in dem kirchlichen Gästehaus, in dem er vor dem Konklave gewohnt hat, „ein paar Sachen abzuholen" und seine Rechnung zu bezahlen.

Lauter ungewöhnliche erste Schritte eines Pontifikats: Es ist schwer, sie gleich in ein größeres Bild einzuordnen, nicht hängenzubleiben beim zunächst einmal Anekdotischen. Immerhin schält sich schon heraus, dass dieser Papst mit der Einfachheit, die der Name Franziskus evoziert, ernst machen will. Dabei wird zugleich eine Lust am Spontanen spürbar wie beim frühen Johannes Paul II., doch ins Unpathetische gedreht. Die Frage, die viele im Vatikan zu stellen beginnen, lautet: Wird er das durchhalten können?

Die Frage meldet sich besonders drängend an diesem Donnerstagabend, als Franziskus noch einmal in die Sixtinische Kapelle zurückkehrt, um mit den Kardinälen eine Dankmesse zu feiern. In einer langen Reihe ziehen die alten Männer in diesen Tempel der Renaissancekunst ein, alle gleich gewandet, und küssen den Altar; *Tu es Petrus* singt der Chor (der ebenfalls Sixtinische Kapelle heißt), und auf einmal scheint alles wie bei früheren Papstmessen, ein Déjà-vu, derselbe Sound und dieselben Gesichter, dieselbe ehrwürdig-erdrückende Kunst. Als hätte sich gar nichts verändert in den letzten 24 Stunden. Auch der Papst ist ein älterer Herr, der unsicher geht – wird er das alles rein physisch durchhalten? Und wie will er sein Ideal der Einfachheit eigentlich umsetzen an einem Ort wie diesem, an dem die größten Maler ihres Jahrhunderts, Michelangelo und Perugino und ein paar Räume weiter Raffael, unbezahlbare Meisterwerke hinterlassen haben? Er kann hier schließlich nicht einfach durchhuschen wie ein Hausmeister oder ein Bettelmönch: Er ist der Papst!

Dabei macht sich der neue Stil natürlich doch in vielen Details bemerkbar. Franziskus hat vor dem Riesenfresko des *Jüngsten Gerichts* den Sperrholzaltar wieder aufstellen lassen, den Benedikt von dort entfernt hatte, und zelebriert, anders als sein

Die tiefe Zuneigung zur Gottesmutter führt Papst Franziskus führte gleich zur Lourdes-Grotte in den vatikanischen Gärten.

Vorgänger in dieser Kapelle, mit dem Gesicht zum Kirchenvolk. Die Predigt hält er vom Ambo aus, ohne Mitra auf dem Kopf – alles Details, und alles von symbolischer Sprengkraft in dieser kleinen Vatikanwelt, die Zeichen ernstnimmt. Die Predigt ist, anders als bei allen seinen Vorgängern, keine lateinische Regierungserklärung, sondern eine auf Italienisch improvisierte Sechs-Minuten-Katechese, die sich dem Programmatischen verweigert, um stattdessen Lesungen und Evangelium auszulegen. Wie ein Pfarrer am Sonntag vor seiner Gemeinde.

Ein Priester sei kein Funktionär, hat er als Erzbischof einmal in seinem Buch *Offener Geist und gläubiges Herz* formuliert, zwischen beiden liege „ein Abgrund". „Das Schmerzliche ist, dass ein Priester

Nur schnell den Koffer holen und die Rechnung zahlen: Papst Franziskus an der Rezeption des Hotels.

sich mit der Zeit in einen religiösen Funktionär verwandeln kann. Dann hört sein Priestertum auf, die Brücke zu sein, der ‚Brückenbauer', und wird zu einer Aufgabe, die erfüllt werden muss. Er ist kein Mittler mehr. ... Keiner entscheidet für sich, Priester zu sein; Jesus Christus wählt einen aus. Und die priesterliche Existenz bleibt am Leben, wenn man sich darum bemüht, Jesus Christus zu begegnen."

Keine Grundsatzrede zu verlesen, ist allerdings auch ein Programm. Und dieses Programm heißt: Nein zum großen Getöse und zu den feierlichen Proklamationen, stattdessen sollen die Taten sprechen und die kleinen Details. Papst Franziskus, der Pfarrer des globalen Dorfs. Noch einmal: Wird er das durchhalten können?

Dieser Papst spricht leise und konzentriert. „Unser Leben ist ein Weg, und wenn wir anhalten, geht die Sache nicht", sagt er, wobei er das Wort „geht" betont. „Wir können gehen, so weit wir wollen, wir können vieles aufbauen, aber wenn wir nicht Jesus Christus bekennen, geht die Sache nicht. Wir werden eine wohltätige NGO, aber

nicht die Kirche, die Braut Christi." Wer nicht gehe, bleibe stehen, und wer auf Sand baue, dem falle alles auseinander. „Wenn wir ohne das Kreuz gehen, ... sind wir nicht Jünger des Herrn: Wir sind weltlich, wir sind Bischöfe, Priester, Kardinäle, Päpste, aber nicht Jünger des Herrn."

Nein zur Verweltlichung der Kirche: Da wird auf einmal ein Faden erkennbar, der dieses Pontifikat mit dem vorhergehenden verbindet. Dazu passt dann noch am selben Tag ein weiteres Zeichen der Kontinuität. Wie vor acht Jahren Benedikt XVI., hat auch Franziskus am ersten vollen Amtstag eine Grußbotschaft an die jüdische Gemeinschaft von Rom geschickt.

„Vergiss die Armen nicht!"

Auch der Freitag bringt ein ähnliches Déjà-vu, bei dem alles wie immer ist, nur der Papst ist ein anderer. Franziskus empfängt in der *Sala Clementina* des Apostolischen Palastes die Kardinäle: Die Kulisse ist dieselbe, Kardinal Angelo Sodano hält eine ähnliche Gruß- und Loyalitätsadresse wie bei früheren Gelegenheiten, die Kardinäle sitzen ebenso gesittet und stumm in Stuhlreihen wie bei der letzten Audienz mit Benedikt XVI. Und nur der Papst ist ein anderer, man hat sich hier noch nicht an dieses Gesicht gewöhnt; doch auch Franziskus sieht man jetzt zum ersten Mal überhaupt mit einem vorbereiteten Redetext, durch den er sich etwas lustlos vorarbeitet. Eine kleine Stilprobe daraus: „Während der vergangenen Tage haben wir förmlich die Zuneigung und die Solidarität der Kirche auf der ganzen Welt gespürt. Auch viele Menschen, die unseren Glauben nicht teilen, der Kirche und dem Heiligen Stuhl aber mit Respekt und Bewunderung begegnen, haben ihre Anteilnahme bekundet. Von allen Teilen der Erde hat sich ein flehentliches und vielstimmiges Gebet der Christen für den neuen Papst erhoben, und voller Begeisterung war meine erste Begegnung mit der dicht gedrängten Menge auf dem Petersplatz." Und so weiter. Der Kurialstil ist wieder da.

Auch dieser Papst kann nicht bei null anfangen, zeigt sich hier. Auch Franziskus wird im täglichen Einerlei seines Amtes Kompromisse eingehen müssen: langweilige Reden vorlesen, die andere getextet haben, und dergleichen mehr. Seinen Freistil werde dieser Papst „auf Dauer so nicht durchhalten können", orakelt die *Katholische Nachrichtenagentur* in einer Analyse; er sei ja „auf die Zusammenarbeit mit der Kurie und ihre vielen eingespielten Regeln und Rituale angewiesen".

Doch erneut steckt das Neue in den Details: „Brüder Kardinäle" statt „Eminenzen", ein paar mitfühlende Sätze zu einem Kardinal, der einen Herzinfarkt erlitten hat (und den Franziskus an diesem Nachmittag im Krankenhaus besuchen wird), freundliche Worte über Benedikt XVI. und,

vom vorbereiteten Redetext mehr und mehr abweichend, über Kollegialität. „Jemand hat mir gesagt: Die Kardinäle sind die Priester des Heiligen Vaters. Diese Gemeinschaft, diese Freundschaft und Nähe wird uns allen gut tun. ... Geben wir nicht dem Pessimismus und der Mutlosigkeit nach. ... Wie guter Wein, der mit den Jahren immer besser wird, so schenken wir den jungen Menschen die Weisheit des Lebens. Mir kommt in den Sinn, was ein deutscher Dichter" – gemeint ist Friedrich Hölderlin – „über das Alter gesagt hat: *Es ist ruhig, das Alter, und fromm.*" Dieses Zitat spricht der Papst auf Deutsch.

Die Messe in der Sixtinischen Kapelle und die Audienz für die Kardinäle haben gezeigt, dass Franziskus die üblichen Vatikan-Termine mit Selbstverständlichkeit wahrzunehmen versteht. Erstaunlich trittsicher wirkt er von Anfang an in dieser von Historie und Symbolik aufgeladenen Umgebung. Wie erwartet, bestätigt er „bis auf Weiteres" alle Leiter von Kurien-Einrichtungen in ihren Ämtern; das gibt ihm die Zeit, über personelle Änderungen in Ruhe nachzudenken und sie zu einem Zeitpunkt vorzunehmen, den er für opportun hält. Am päpstlichen Appartement zerbricht er die Siegel, die bei der Abdankung Benedikts angebracht worden waren, doch er entscheidet, es nur zum Arbeiten und für Audienzen zu nutzen, weil er weiter im Vatikan-Gästehaus *Santa Marta* wohnen und ein möglichst normales Leben führen will. An seiner Seite hat er meistens Erzbischof Gänswein, den Wanderer zwischen den Welten des alten und des neuen Papstes. Der Deutsche ist ihm *Cicerone*, Fremdenführer, durch die vertrackte Vatikan-Welt.

Gänswein sitzt auch neben Franziskus, als dieser am Samstag uns Presseleute in der vatikanischen *Aula Nervi* empfängt. Für den Papst ist es die erste Audienz in dieser Halle, aber das ist

Keine Berührungsängste: Franziskus im Gespräch
mit Pressevertretern.

Franziskus begrüßt den blinden Radiojournalisten
Alessandro Forlani und dessen Hund Asia.

seiner „bedachten Leichtigkeit" (Jörg Bremer in der
FAZ) nicht anzumerken. „Christus ist die Mitte,
nicht der Nachfolger Petri – Christus", sagt Papst
Bergoglio: „Christus ist die Mitte. Christus ist der
Grund und Bezugspunkt, das Herz der Kirche.
Ohne ihn gäbe es weder Petrus noch die Kirche,
noch hätten sie einen Grund zu bestehen."

Dann legt er den vorbereiteten Redetext beisei-
te und erzählt, warum er sich für den Papstnamen
Franziskus entschieden hat. Bei der Wahl habe sein
Freund, der brasilianische Kardinal Cláudio Hummes, neben ihm gesessen und ihn bestärkt. „Und
als die Stimmen zwei Drittel erreichten, erscholl
der übliche Applaus, da der Papst gewählt war. Und
er umarmte, küsste mich und sagte mir: *Vergiss die
Armen nicht!*" Dieses Wort habe sich in ihm fest-

gesetzt, so Franziskus. „Dann sofort habe ich in
Bezug auf die Armen an Franz von Assisi gedacht.
Dann habe ich an die Kriege gedacht, während die
Auszählung voranschritt bis zu allen Stimmen. Und
Franziskus ist der Mann des Friedens. So ist mir
der Name ins Herz gedrungen: Franz von Assisi."

Der heilige Franziskus sei für ihn „der Mann
der Armut, der Mann des Friedens, der Mann, der
die Schöpfung liebt und bewahrt", fährt der Papst
fort. „Gegenwärtig haben auch wir eine nicht sehr
gute Beziehung zur Schöpfung, oder? Er ist der
Mann, der uns diesen Geist des Friedens gibt, der
Mann der Armut. ... Ach, wie möchte ich eine arme
Kirche für die Armen!" Vielleicht wird man diesen
spontanen Ausruf einmal für den Schlüsselsatz
des argentinischen Pontifikats halten. In das über-

Ein Set für den vom Papst geliebten Mate-Tee.

Wer sagte, Papst zu sein dürfe nicht manchmal auch
Spaß machen?

Umdenken? Aufnahme von der Begegnung mit
Journalisten am 16. März 2013.

raschte Schweigen hinein scherzt der Papst gleich
wieder, einige Kardinäle in der Sixtina hätten ihm
geraten, sich Clemens XV. zu nennen: „So rächst
du dich an Clemens XIV., der den Jesuitenorden
aufgehoben hat!"

Ohne Berührungs-
ängste spricht der Jesui-
tenpapst mit einigen der
Journalisten und tätschelt
einen Blindenhund; mehrere Priester, alte Bekannte,
fallen ihm um den Hals. Doch am Schluss der Audienz geschieht etwas Unerhörtes. Franziskus schlägt
kein Segenskreuz über der Versammlung, sondern
er sagt leise und auf Spanisch – eine Sprache, die
hier nicht jeder versteht – ein paar Sätze ins Mikro-
fon und geht dann ohne Weiteres hinaus. Ich bin

„Ein bisschen Barmherzigkeit macht die Welt
weniger kalt und gerechter."

Papst Franziskus
Predigt in Sankt Anna am 17. März 2013

mir nicht sicher, richtig gehört zu haben, doch später
sehe ich den Passus in der offiziellen deutschen
Übersetzung. Der Papst hat also wirklich gesagt,
dass er den Journalisten „von Herzen meinen Segen
erteilen würde. Da aber
viele von Ihnen nicht
der katholischen Kirche
angehören, andere nicht
gläubig sind, erteile ich
von Herzen diesen Se-
gen in Stille jedem von Ihnen mit Respekt vor dem
Gewissen jedes Einzelnen, aber im Wissen, dass
jeder von Ihnen ein Kind Gottes ist. Gott segne Sie."

Das ist sensationell: Ein Papst, der aus Respekt
vor Nichtglaubenden darauf verzichtet, ein Kreuzzeichen zu schlagen.

„Wir sind, die gehen"

Woher dieser Respekt des Papstes vor Nichtglaubenden? Vielleicht verschafft uns der Hinweis des Kardinals Bergoglio im Gesprächsbuch *El Jesuita*, dass Jorge Luis Borges zu seinen Lieblingsschriftstellern gehöre, eine Spur in sein Denken hinein.

Der Argentinier Borges war einer der großen Autoren des 20. Jahrhunderts; vor allem seine phantastischen Geschichten, die am Anfang des „Magischen Realismus" der lateinamerikanischen Literatur stehen, haben ihn bekannt gemacht, etwa *Die Bibliothek von Babel oder Das Aleph*. In äußerster Verknappung und Verrätselung rührte der Leiter der Nationalbibliothek in Buenos Aires, der die Buchrücken wegen seiner Erblindung nur noch ertasten konnte, in seinen Geschichten an die großen Menschheitsfragen. Auch wenn er sich in „bester" Tradition seiner Familie als Freidenker gerierte und der Metaphysiker in ihm immer mit dem Skeptiker im Widerstreit lag, erweist er sich bei näherem Hinsehen doch als eminent spiritueller Autor. Für das Ineinander von Glaube und Zweifel, von Suche und Skepsis hat er eine eigenwillige, tiefernste Sprache gefunden.

Bergoglio kannte Borges persönlich: In seiner Zeit als Literaturlehrer in Santa Fé war er einmal nach Buenos Aires gereist, um dem argentinischen Homer Kurzgeschichten zu zeigen, die seine Schüler auf die Anregung ihres Jesuitenlehrers verfasst hatten. „Sie gefielen ihm, und er versprach, für ihre Veröffentlichung zu sorgen und auch ein Vorwort beizusteuern." Bergoglio gelang es sogar, Borges einmal zu einem Auftritt vor seiner Schulklasse in Santa Fé zu bewegen. „Er war ein sehr weiser Mann. Das Bild, das mir von ihm im Gedächtnis g eblieben ist, ist das eines Mannes, der alles an seinen gebührenden Platz stellt, wie der Bibliothe-

kar – der er ja war – Bücher einordnet ... Ein Agnostiker, der jede Nacht das *Vaterunser* betete, weil er das seiner Mutter einmal versprochen hatte."

Es ist eine faszinierende Vorstellung, dass der neue Papst in den Gedichten seines großen Landsmannes Sätze wie diesen liest: „Staunen vor dem Wunder, / dass trotz unendlicher Zufälle, / dass obwohl wir die Tropfen / von Heraklits Fluss sind, / etwas in uns überdauert: / unbeweglich." Die Unsterblichkeit ist eines der großen Themen bei Borges: Mit einer genialen denkerischen Volte tat er so, als wäre nicht die Unsterblichkeit das Besondere, sondern vielmehr die Sterblichkeit. Unsterblich zu sein sei doch bei Licht besehen „bedeutungslos": „Vom Menschen abgesehen sind es alle Geschöpfe, da sie den Tod nicht kennen; das Göttliche, das Schreckliche, das Unbegreifliche ist das Wissen um die eigene Unsterblichkeit." Die Beweise dafür, dass der Mensch sterben müsse, seien „nur statistisch", dichtete er anderswo, „und jeder läuft Gefahr, / der erste Unsterbliche zu sein ..."

Was auf spielerische Weise begann, wurde zu einer Blickumkehr: Hier änderte sich sein Blick auf den Menschen, hier begann er hinter der überall lauernden Sinnlosigkeit einen Plan zu behaupten, der aus unendlicher (aus göttlicher) Perspektive auf einmal einen Sinn erkennen lässt: „Die Schritte, die ein Mensch vom Tag seiner Geburt bis zu dem seines Todes tut, zeichnen in die Zeit eine unbegreifbare Figur. Die göttliche Intelligenz erfasst diese Figur so unmittelbar wie die menschliche ein Dreieck. Diese Figur hat (vielleicht) ihre bestimmte Funktion in der Ökonomie des Universums." Er wäre aber nicht Borges gewesen, wenn er das Spiel unendlicher Perspektivenverschiebungen und Spiegelungen nicht noch weiter getrieben hätte: „Gott rückt den Spieler, dieser die Figur. / Welcher Gott jenseits

Jorge Luis Borges (1899–1986).

Gottes eröffnet / das Spiel aus Staub, Zeit, Traum und Agonien?" Die Kühnheit seines Denkens stellt Borges unbedingt in eine Linie mit Denkern des Religiösen wie etwa dem heiligen Augustinus.

Papst Franziskus wird sich aber in seiner Beschäftigung mit Borges nicht nur die Stellen herausgepickt haben, die an christliches Denken anschlussfähig erscheinen: Borges' Werk ist eine Art Labyrinth; viele Gänge darin führen zu geradezu entgegengesetzten Einsichten zu den eben genannten. „Das flüchtige Heute ist zart und ewig, / erhoff nicht andren Himmel, andre Hölle." Geradezu brutal formuliert eines der letzten zu seinen Lebzeiten veröffentlichten Gedichte: „Auf der anderen Seite der Tür lässt / ein Mensch seine Fäulnis fallen. Vergebens / wird er

Menschen aus der Heimat des neuen Pontifex bringen seiner Schwester Briefe mit der Bitte, sie an ihren Bruder weiterzugeben.

heut nacht ein Bittgebet zu seinem / seltsamen Gott schicken, der drei, zwei, eins ist, / und sich sagen, er sei unsterblich. Jetzt / hört er die Prophezeiung seines Todes / und weiß, dass er nur ein sitzendes Tier ist. / Du, Bruder, bist dieser Mensch. Danken wir / den Würmern und dem Vergessen." Erst wenn wir diesen radikal-desillusionierten Ton auf dem Hintergrund all dessen hören, was Borges anderswo zum Thema Unsterblichkeit anbringt, haben wir den ganzen Borges: nie auf Gewissheiten setzend, immer suchend, im ewigen Hin und Her zwischen Pessimismus und dem Wahrnehmen von Sinn im scheinbar Zufälligen.

> „Wir dürfen keine Angst haben vor der Güte,
> ja, nicht einmal vor der Zärtlichkeit!"
> *Papst Franziskus bei seiner Amtseinführung*

Überall in Rom heißen Plakate den neuen Bischof der Stadt willkommen.

Beim ersten Eindruck darf man jedoch nicht stehenbleiben – Borges liest sich beim zweiten Mal immer anders als beim ersten. Das „Du, Bruder, bist dieser Mensch" des eben zitierten Gedichtes erinnert einen dann auf einmal an die berühmte Szene, in der der Prophet Natan dem jüdischen König David seine Verbrechen vorhält: „Da sagte Natan zu David: Du selbst bist der Mann" (2 Samuel 12,7). Damit wird dem scheinbar so illusionslos-direkten Poem ausgerechnet ein biblischer Resonanzboden gegeben. Nur das Wort „Bruder" hat Borges in das biblische Zitat eingefügt – seltsam mitfühlend, wenn man an den Rest des Gedichtes denkt. „Wir sind, die gehen" – das ist an anderer Stelle im Werk dieses Sehers aus Buenos Aires, in genialer Kürze, eine richtiggehende Definition des Menschen.

In der Konfrontation mit diesem Werk, das in seiner Heimatstadt entstanden ist, wird der neue Papst seinen Respekt vor Nichtglaubenden gelernt haben. Und auch die Grundsolidarität aller Menschen untereinander, von der Borges zutiefst überzeugt war, spricht ihn sicherlich an: Borges schrieb, „dass ein Mensch die anderen Menschen, dass ein Mensch alle Menschen ist". Was ein beliebiger Mensch irgendwo auf unserem Planeten tue, sei so, „als ob es alle Menschen täten". „Deswegen ist es nicht ungerecht, dass der Ungehorsam in einem Garten das ganze Menschengeschlecht befleckt; deswegen ist es nicht ungerecht, dass die Kreuzigung eines einzigen Juden genügt, es zu erlösen."

Übrigens hat Borges nie direkt, erst recht nicht mit polemischem Unterton, gefragt: Gibt es Gott? Er drehte stattdessen spielerisch den Spieß um – „Gott existiert doch; wir sind diejenigen, die nicht existieren …" – und fragte dann: Gibt es uns Menschen überhaupt, oder sind wir der Traum anderer Menschen oder gar ein Traum Gottes? „Ich bin der einzige Mensch auf Erden, und vielleicht gibt es / weder Erde noch Mensch", legte er dem Philosophen René Descartes in den Mund.

„Vielleicht täuscht mich ein Gott. / Vielleicht hat ein Gott mich zur Zeit verdammt, dieser langen Illusion … / Ich habe den Hügel von Golgatha und die Kreuze Roms geträumt … / Ich will weiter Descartes träumen und den Glauben seiner Väter."

Geradezu obsessiv kam Borges in seinen Erzählungen, Essays und Gedichten immer wieder auf biblische Themen zurück. Dabei sind besonders seine Variationen auf das Thema Jesus tief bewegend: Ihn hielt er „jenseits unseres fehlenden Glaubens" für „die lebendigste Gestalt der menschlichen Erinnerung". Der alte Spötter vom Rio de la Plata fühlte sich in diese Gestalt hinein: „Manchmal denke ich

mit Heimweh / an den Geruch dieser Tischlerei". Und immer wieder umkreiste sein Denken das Bild des Gekreuzigten: „Das Gesicht ist nicht das von den Bildern. / Es ist spröde und jüdisch. Ich sehe ihn nicht / und werde ihn weitersuchen bis zum letzten / Tag meiner Schritte auf Erden …"

Dass dieser Papst Borges liest, stellt für das beginnende Pontifikat aufregende Deutungsmuster bereit. Wird Franziskus das Gespräch mit den Nichtglaubenden, das der Vatikan unter Benedikt XVI. mit einer eigenen Stiftung *Vorhof der Völker* begonnen hat, noch intensivieren?

Der Pfarrer des globalen Dorfs

Lauter Premieren: hier das erste Angelusgebet des neuen Papstes vom Fenster seines Arbeitszimmers aus.

Der erste Sonntag des argentinischen Papstes brachte eine Reihe von Premieren: seine erste Twitter-Botschaft (mit dem Absetzen von Kurznachrichten hatte Benedikt XVI. kurz vor seinem Rücktritt angefangen), sein erstes Mittagsgebet vom Fenster des Papst-Arbeitszimmers im Apostolischen Palast aus, vor allem aber die erste Messfeier für normale Gläubige.

Dazu hatte sich der neue Souverän des Vatikanstaats die kleine Pfarrkirche Santa Anna ausgesucht, die gleich rechts hinter dem Hauptzugang ins Vatikandörfchen liegt. Jeder, der zur Vatikan-

Apotheke oder in den Vatikan-Supermarkt geht, kommt hier vorbei. Dass die Kirche gerade wegen Renovierungsarbeiten teilweise eingerüstet ist, störte den Pfarrerpapst nicht. Pünktlich um 10.00 Uhr stand er im violetten Messgewand der Fastenzeit am Altar vor einer gemischten Gemeinde aus Vatikan-Angestellten, Bewohnern des nahegelegenen Borgo-Viertels und natürlich Neugierigen und zelebrierte ungefähr so, wie das zur gleichen Zeit Priester in der ganzen Welt in ihren Dorfkirchen taten.

Eine der ersten Messfeiern des Papstes fand in der kleinen Kirche *Santa Anna* im Vatikan statt. Hier spricht Franziskus mit einem Priester aus Uruguay.

Das Sonntagsevangelium aus dem achten Kapitel von Johannes bedeutete für seine Predigt eine Steilvorlage: Es war die Geschichte der Ehebrecherin, die vor Jesus gezerrt wird und die er entgegen den Erwartungen nicht verurteilt. „È bello questo", meinte Franziskus, „schön ist das": Zunächst bete Jesus, und direkt danach zeige er sich „barmherzig dieser Frau gegenüber". „Das ist die Botschaft Jesu: die Barmherzigkeit. Für mich, ich sage das in aller Bescheidenheit, ist das die stärkste Botschaft des Herrn: die Barmherzigkeit." Man solle sich ihr anvertrauen, auch wenn das nicht leichtfalle, „denn das ist ein unverständlicher Abgrund". „Aber wir müssen es tun!" Und er ahmte ein Gespräch nach, wie er es selbst einmal in einem argentinischen Beichtstuhl erlebt haben mag: „Oh, Padre, wenn Sie mein Leben kennen würden, dann würden Sie nicht so mit mir sprechen! – Warum?

Was hast du denn getan? – Ach, ich habe so Einiges angestellt ... – Umso besser! Geh zu Jesus, der hat es gern, wenn du ihm diese Dinge erzählst! Der vergisst. Er hat eine spezielle Fähigkeit zu vergessen. Er vergisst, küsst dich, umarmt dich und sagt nur: Auch ich verurteile dich nicht, geh und sündige von nun an nicht mehr." Das war schon fast die ganze Predigt. „Kehren wir um zum Herrn. Der Herr wird nie müde, zu vergeben, nie! Wir sind es, die müde werden, ihn um Verzeihung zu bitten."

In der Menge hatte Papst Franziskus auch einige Priester ausgemacht, die er von Argentinien beziehungsweise von Uruguay her kannte; einen von ihnen, der in Zivil gekommen war, bat er nach der Messe nach vorne: „Ich will euch einen Priester vorstellen, der seit Langem mit Straßenkindern, mit Drogensüchtigen arbeitet. Für sie hat er eine Schule gebaut, er hat viel getan, damit sie Jesus kennenlernen. ... Ich bitte dich, komm doch mal, um die Leute zu grüßen." Eine solche Szene hatte man im Vatikan lange nicht mehr gesehen – zuletzt wohl unter Johannes Paul I., dem „lächelnden Papst", der im Herbst 1978 nur 33 Tage lang amtiert hatte und dann gestorben war. Auch Papst Albino Luciani, so sein bürgerlicher Name, hatte bei den vier Generalaudienzen, zu denen er Pilger empfing, ohne vorbereiteten Redetext gesprochen, und einige Male rief er während seiner Ansprachen Kinder nach vorne, um sich mit ihnen zu unterhalten; diese Kurzgespräche wurden zwanglos in die Katechese eingebaut. Das dialogische Element in Papst Bergoglios Predigten und auch die von ihm beschworene Einfachheit erinnern an Johannes Paul I.

In Statur und Ausstrahlung allerdings hat er auch viel von Johannes XXIII. Der dickliche Bauernsohn aus Norditalien war gütig, aber schlau; als er 1958 auf den Stuhl Petri gewählt wurde, galt er als Übergangspapst, was ihn nicht daran hinderte, das Zweite Vatikanische Konzil einzuberufen. Mit seiner herzlichen Ausstrahlung, seinem Humor und seinem Einsatz für den Frieden (mitten im Kalten Krieg schrieb er 1963, kurz vor seinem Tod, eine Friedensenzyklika namens *Pacem in terris*, die erstmals an „alle Menschen guten Willens" adressiert war) ist Papst Angelo Giuseppe Roncalli bis heute eine Hoffnungsgestalt auch für Menschen, die der katholischen Kirche eher fernstehen. Papst Johannes Paul II. sprach ihn im September 2000 selig. „Johannes war ein Hirte, der auf die Straße ging", sagte Kardinal Bergoglio in *El Jesuita* über ihn. „Als Patriarch von Venedig ging er um elf Uhr herunter auf den Markusplatz, um dort ein Gläschen Wein zu trinken und ein paar Minuten mit den Leuten zu reden. Er tat das genauso wie alle anderen Venezianer, und danach fuhr er in seiner Arbeit fort. Das ist für mich ein Hirte: jemand, der rausgeht, um die Leute zu treffen."

Übrigens hatte Johannes als erster Pontifex der Neuzeit eine Pastoralreise außerhalb von Rom unternommen; sie führte ihn 1962 nach Loreto und nach Assisi, in die Stadt des heiligen Franziskus, dem auch er sich tief verbunden fühlte.

Die Kirche wieder aufbauen

Papst Franziskus kam auch an seinem ersten Amtssonntag noch einmal auf den heiligen Franz von Assisi zu sprechen. Bei seinem ersten Angelusgebet auf dem Petersplatz erklärte er den Menschen, die sich vom Petersplatz über die ganze *Via della Conciliazione* bis hinunter zur Engelsburg drängten, er habe sich für seinen Papstnamen auch deswegen entschieden, weil der heilige Franz der Patron Italiens sei. „Das verstärkt mein geistliches Band mit dieser Erde, wo, wie ihr wisst, die Ursprünge meiner Familie liegen."

Nach der Messe in *Santa Anna* begrüßte Pfarrer Papst spontan die Menschen, die ihm von der römischen Straße vor dem Tor zum Vatikan zuriefen.

Zusammengelesen mit seinen Erläuterungen vor Pressevertretern am Tag zuvor, ergab das eine ganze Reihe von Gründen, warum der argentinische Kirchenmann diesen Papstnamen gewählt hatte: um die Armen nicht zu vergessen; weil Franz von Assisi ein Mann des Friedens war; weil er die Schöpfung liebte; und weil er aus Italien kam. Das waren alles ehrenwerte Gründe. Aber mir fiel auf, dass ein Element fehlte, das beim Heiligen aus Assisi eine große Rolle spielte und das der neue Papst nicht erwähnte: der (Wieder-)Aufbau der Kirche nämlich. Selbst bei seiner ersten Messe in der Sixtinischen Kapelle, in der er doch in seiner Predigt vom Aufbauen der Kirche gesprochen hatte, war das ohne jeden Bezug auf Franz von Assisi geschehen.

Dabei war der Kirchenneubau, im wörtlichen wie im übertragenen Sinne, geradezu das Gründungscharisma des jungen *Francesco* in Umbrien gewesen. Er hatte kurz zuvor erst seinem Vater, dem Tuchhändler, als Fanal seines Armutswillens die teuren Kleider vor die Füße geworfen, da hörte er beim Gebet vor den Toren von Assisi den Berichten zufolge die Stimme Jesu, der ihn aufforderte, sein Haus

Franz von Assisi stützt die Kirche, die einzufallen droht. Papst Innozenz III. träumt die Szene, die ihrerseits auf einen Traum Franziskus' zurückgeht. Fresko von Giotto in der Oberkirche von Assisi.

Fiesta latinoamericana auf dem Petersplatz.

wieder aufzubauen. Der Heilige nahm das wörtlich und begann damit, die Mauern des halbverfallenen Kirchleins San Damiano, in dem er die Stimme gehört hatte, zu reparieren; doch natürlich war mit Jesu Aufforderung mehr und Größeres gemeint. Das zeigt eines der berühmten Fresken des Giotto in der Oberkirche von Assisi: Franziskus stützt wie ein mittelalterlicher Simson eine Kirche, die sich bedrohlich zur Seite neigt, und bewahrt sie vor dem Umfallen; daneben erkennt man den schlafenden Papst Innozenz III., der diese Szene gerade träumt.

Schwer zu sagen, warum sich Papst Franziskus in seinen ersten Tagen nicht auch auf das Wiederaufbau-Charisma seines Vorbilds berufen hat. Die ihn von Buenos Aires her kennen, loben seine Durchsetzungsfähigkeit und bescheinigen ihm Verwaltungsgeschick; dass seine Wahl auch mit dem Wunsch vieler Kardinäle nach einem Aufräumen an der Kurie zu tun hat, ist nicht von der Hand zu weisen. Aber vielleicht wollte er ja auch nicht gleich schlafende Hunde wecken?

Bei seinem Angelus, für den er zum ersten Mal am Fenster des Papst-Arbeitszimmers im Apostolischen Palast erschien, sprach Franziskus aber nicht nur über sein Vorbild von Assisi. Wie in der Predigt in der Annakirche kurz zuvor stellte er das Thema Barmherzigkeit in den Mittelpunkt. Zum ersten Mal seit zweieinhalb Wochen stand dieses berühmte Fenster wieder offen; von der Brüstung hing ein Teppich mit rotem Rand herunter, dessen Mittelfläche leer war. Hier würde einmal das Wappen des neuen Hirten eingenäht werden, sobald es denn feststand.

Brüder und Schwestern, guten Tag!" Dieses „Buon giorno" beziehungsweise „Buona sera" wie am Abend seiner Wahl wurde langsam zu seinem Markenzeichen. Der Sonntag sei dafür da, dass die Christen sich träfen und unterhielten, „so wie heute hier auf dem Platz", der dank den Medien „die Dimensionen der Welt" annehme. Er habe vor ein paar Tagen ein Buch von Kardinal Walter Kasper über die Barmherzigkeit gelesen („Aber glaubt nicht, dass ich Werbung für die Bücher meiner Kardinäle mache, so ist es nicht!") und sei davon überzeugt, dass Barmherzigkeit die Welt verändere. „Ein bisschen Barmherzigkeit macht die Welt weniger kalt und gerechter." Franziskus erzählte eine Anekdote von einer alten Frau, die ihm einmal mit voller Überzeugung gesagt habe, der Herr verzeihe alles. „,Woher wissen Sie das?' – ,Wenn der Herr nicht alles vergeben würde, würde es die Welt gar nicht geben.' – ,Ich hatte Lust, sie zu fragen: Sagen Sie mal, haben Sie vielleicht an der Gregoriana studiert?'" Aus der Frau habe echte Weisheit gesprochen. Die römische Universität Gregoriana, die vom Jesuitenorden geleitet wird, ist übrigens eine Art Kaderschmiede für künftige Bischöfe; Bergoglio hat sie nicht besucht.

Grüße in anderen Sprachen als Italienisch gab es von ihm nicht; die Landsleute des Papstes, von denen viele auf dem Petersplatz waren, um argentinische Fahnen zu schwenken, gingen in dieser Hinsicht leer aus. Dennoch herrschte unter dem Fenster von Papst Franziskus eine unglaubliche Begeisterung. Der Papst war bei den Leuten „angekommen", er rührte, das war zu spüren, viele Hoffnungen und Erwartungen auf. „Guten Sonntag, und gutes Mittagessen!", sagte er zum Schluss seines 11-Minuten-Auftritts.

Auch sein erstes „Bad in der Menge" hatte er an diesem Sonntag schon absolviert. Nach der Mes-se in Santa Anna hatte Franziskus wie ein normaler Gemeindepfarrer etwa 40 Minuten lang an der Tür der Kirche gestanden, um die Gläubigen einen nach dem anderen zu begrüßen. Er hatte wirklich keine Berührungsängste, das war deutlich zu sehen.

Tag der offenen Kirche

Am Dienstag, dem 19. März, trat Papst Franziskus mit einer Messe auf dem Petersplatz feierlich sein Amt an. Am Abend zuvor hatte es noch in Strömen geregnet, aber jetzt herrschte halbwegs schönes Wetter. An die 200.000 Menschen strömten zum Vatikan, viele mit argentinischen oder auch brasilianischen Fahnen; an jeder Ecke Roms standen Polizisten, in der Luft knatterte ein Hubschrauber. Aus Sorge, nicht mehr auf den Platz gelassen zu werden, verfolgte ich die Feier vom Dach der linken Kolonnadenreihe am Petersplatz aus, zwischen Foto- und TV-Reportern eingequetscht. Von hier oben war allerdings zu erkennen, dass es auf der Piazza noch reichlich Platz gab. Offenbar hatten die strengen Sicherheitsvorkehrungen viele vom Kommen abgeschreckt. Der Bereich unmittelbar vor dem Dom bot ein farbenfrohes Bild: das Lila der Prälaten, das Weiß der konzelebrierenden Priester, der purpurne Vorhang vor dem Eingang in die Basilika, die gelb-weißen Sonnenschirme, unter denen Geistliche zur Kommunionausteilung über den ganzen Platz ausschwirrten. „Assisi erwartet dich", stand auf einem riesigen Spruchband.

Rechts vor dem Petersdom hatte das Protokoll die Vertreter von 132 Nationen oder internationalen Organisationen platziert; unter den über 30 Staatschefs war Argentiniens Präsidentin Cristina Kirchner, die am Tag zuvor vom Papst zu einer informellen Audienz empfangen worden war; dazu hatte sie ihm ein Mate-Set mitgebracht und ihn zu einem Besuch in seiner Heimat eingeladen. Auch

Im Papamobil ohne Kasten aus Sicherheitsglas.

Harte Zeiten für Bodyguards.

Simbabwes autokratischer Herrscher Robert Mugabe hatte es sich nicht nehmen lassen, im Vatikan zu erscheinen, und wie der Zufall es wollte, saß er mit seiner Frau ausgerechnet neben der EU-Delegation; die meisten EU-Länder haben gegen Mugabe ein Einreiseverbot verhängt, darum blickten die Brüsseler Herren recht kühl herüber. Deutschland wurde von Bundeskanzlerin Angela Merkel vertreten.

Geradezu bahnbrechend waren allerdings zwei andere Teilnehmer an dieser Amtseinführung: Der eine war der römische Oberrabbiner Riccardo Di Segni; seit Menschengedenken war noch kein Leiter der traditionsreichen jüdischen Gemeinschaft Roms bei der Einführungsmesse eines Papstes zu Gast gewesen. Der zweite war der Ökumenische Patriarch Bartholomaios I. von Konstantinopel; mit ihm war erstmals seit dem Großen Schisma von 1054 das Ehrenoberhaupt der orthodoxen Kirche zum Amtsantritt eines römischen Papstes gekommen. Später war zu hören, Bartholomaios habe Franziskus nicht nur für Ende November zu einem Besuch nach Istanbul eingeladen, sondern ihm auch eine gemeinsame Reise vorgeschlagen, die die beiden Kirchenführer 2014 nach Jerusalem

führen sollte. Damit könne doch gefeiert werden, dass in der Heiligen Stadt genau 50 Jahre zuvor eine in ökumenischer Hinsicht bahnbrechende Begegnung zwischen Papst Paul VI. und Bartholomaios' Vorgänger Athenagoras stattgefunden hatte.

Vor dem Beginn der Feierlichkeiten drehte Franziskus im offenen Jeep ein paar Runden auf dem Platz, wo er ausgelassen empfangen wurde. Die Messe stand dazu dann aber in einem gewissen Kontrast; sie geriet gesammelt und ernst. Franziskus, der eine einfache Mitra und dasselbe weiße Messgewand trug wie bei der Eucharistiefeier in der Sixtina, betete zunächst mit einigen ostkirchlichen Patriarchen im Petersdom am Grab des Apostels Petrus. Dann wurde ihm auf dem Platz das Pallium (ein wollenes Schulterband für Erzbischöfe) um den Hals gelegt und sein silbern-vergoldeter Fischerring an den Finger gesteckt, der ursprünglich einmal für Paul VI. fabriziert, von diesem aber nicht benutzt worden war. Auf dem Platz schien, soweit das aus der Möwenperspektive zu beurteilen war, keine Jubel-, sondern eher eine gesammelte Stimmung zu herrschen. Was vielleicht auch daran lag, dass der Papst leise sprach, manchmal kaum verständlich.

Dieser Dienstag war, wie der Zufall oder eine geschickte Regie es wollte, das Fest des heiligen Josef; dazu hatte Franziskus erneut Benedikt XVI., der ja mit bürgerlichem Namen Joseph Ratzinger heißt, angerufen und ihm gratuliert. Auch mit Buenos Aires hatte der Papst an diesem Morgen schon telefoniert, um Tausenden von Menschen auf der *Plaza de Mayo* per Live-Schaltung Grüße aus Rom zu schicken. In seiner Predigt nun erwähnte Franziskus zunächst seinen „verehrten Vorgänger" („Wir sind ihm nahe mit dem Gebet voller Liebe und Dankbarkeit"), und dann zeichnete er den heiligen Josef als ein Modell christlicher, ja allgemein menschlicher Lebensführung. Ein „Hüter" sei dieser gewesen, „rücksichtsvoll, demütig, im Stillen, aber beständig gegenwärtig und in absoluter Treue, auch dann, wenn er nicht

Bei der Amtseinführung ließ Franziskus auf dem Petersplatz das Papamobil halten, um einen schwerbehinderten Mann zu küssen.

versteht"; seine „ständige Aufmerksamkeit gegenüber Gott" habe ihn ausgezeichnet, „offen für dessen Zeichen" sei er gewesen. „An ihm sehen wir, liebe Freunde, wie man auf den Ruf Gottes antwortet: verfügbar und unverzüglich; aber wir sehen auch, welches die Mitte der christlichen Berufung ist: Christus! Hüten wir Christus in unserem Leben, um die anderen zu behüten, um die Schöpfung zu bewahren!"

Nicht nur Christen, sondern alle Menschen sollten Hüter sein: Sie sollten „die gesamte Schöpfung, die Schönheit der Schöpfung bewahren", „Achtung haben vor jedem Geschöpf Gottes und vor der Umwelt, in der wir leben", „die Menschen

Viel zu winken gab's bei der Amtseinführung.

Unter den zur Amtseinführung zahlreich angereisten Staatsleuten:
Bundeskanzlerin Angela Merkel.

Treffen mit Argentiniens Präsidentin
Cristina Kirchner in Rom fünf Tage nach
der Wahl des Erzbischofs von Buenos
Aires zum Papst.

Zum ersten Mal in der Geschichte des Papsttums war mit Bartholomaios I.
der Ökumenische Patriarch der Orthodoxen zur Einführung eines Papstes
gekommen.

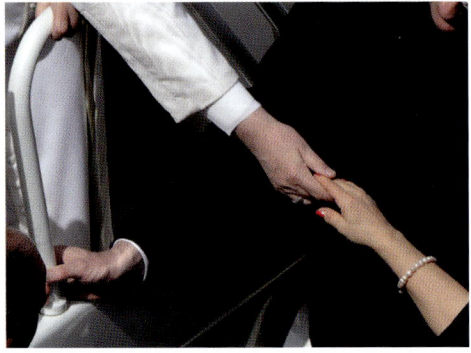

Zeichen der päpstlichen Amtsgewalt: der Fischerring.

hüten, sich um alle kümmern, um jeden Einzelnen, mit Liebe, besonders um die Kinder, die alten Menschen, um die, welche schwächer sind und oft in unserem Herzen an den Rand gedrängt werden". „Im Grunde ist alles der Obhut des Menschen anvertraut, und das ist eine Verantwortung, die alle betrifft. Seid Hüter der Gaben Gottes!" Sonst nämlich „gewinnt die Zerstörung Raum, und das Herz verdorrt". Und dann kam der für mich schönste Satz dieser Predigt: „Wir dürfen keine Angst haben vor der Güte, ja, nicht einmal vor der Zärtlichkeit!"

Johannes Paul II. (1978) wie Benedikt XVI. (2005) hatten bei ihrer Amtseinführung ausgerufen: „Habt keine Angst! Öffnet, ja reißt die Tore weit auf für Christus!" Papst Franziskus hat das aufgegriffen, aber in abgewandelter Form: Habt keine Angst – vor der Zärtlichkeit. „Das Sichkümmern,

das Hüten verlangt Güte, es verlangt, mit Zärtlichkeit gelebt zu werden." Zärtlichkeit sei „nicht etwa die Tugend des Schwachen, nein, im Gegenteil: Sie deutet auf eine Seelenstärke hin und auf die Fähigkeit zu Aufmerksamkeit, zu Mitleid, zu wahrer Öffnung für den anderen, zu Liebe. Wir dürfen uns nicht fürchten vor Güte, vor Zärtlichkeit!"

Die wahre Macht sei überhaupt „der Dienst"; auch der Papst trete „in jenen Dienst ein, der seinen leuchtenden Höhepunkt am Kreuz hat", und versuche, „das ganze Volk Gottes zu hüten und mit Liebe und Zärtlichkeit die gesamte Menschheit anzunehmen, besonders die Ärmsten, die Schwächsten, die Geringsten". „Nur wer mit Liebe dient, weiß zu behüten!" Wer die Schöpfung bewahre und die Menschen achtsam behandle, der öffne „den Horizont der Hoffnung", „den Horizont Gottes". „Hüten wir mit Liebe, was Gott uns geschenkt hat!"

Der Papst habe ihm „persönlich ganz aus dem Herzen gesprochen", sagte an diesem Nachmittag der aus Vorarlberg stammende Missionar Erwin Kräutler zu der Predigt des Franziskus. „Dom Erwin" ist seit 1980 Bischof im brasilianischen Amazonasgebiet und setzt sich dort für Indianerstämme ein, die ein elendes Leben im Reservat führen. „Ich bin glücklich, dass er diesen Weg einschlägt – es geht doch darum, dass wir genauso wie Jesus an den Rand unserer Gesellschaft gehen und den Menschen dort die Hand reichen! Das ist ein Programm für unsere Kirche!" „Unendlich glücklich" sei er über diese Predigt. Die Berichterstattung über den neuen Papst war beinahe euphorisch: „Warum lassen wir nicht künftig unsere führenden Politiker vom Kardinalskollegium wählen", ätzte die Tageszeitung *Il Foglio* angesichts einer gleichzeitigen Regierungsbildung in Rom, die ausgesprochen zäh verlief.

„Schlicht und stillos"

Nach der Amtseinführung stellte sich heraus, dass zahlreiche Politiker, aber auch Kardinäle den Papst zu einem Besuch in ihr Land eingeladen hatten. Der sozialdemokratische Präsident des EU-Parlaments Martin Schulz wünschte sich eine Grundsatzrede von Franziskus vor den Abgeordneten in Straßburg, Simbabwes Autokrat Mugabe hoffte auf eine Afrikareise des Papstes, der irakische Patriarch Louis Sako auf einen Bagdadbesuch, Kolumbien und Australien sprachen schon von prinzipiellen Zusagen. Die Einzige hingegen, die sich eines Papstbesuchs wirklich

sicher sein konnte, nämlich Brasiliens Präsidentin Dilma Rousseff, konnte mit Franziskus am 20. März bei einer Audienz schon die Details seiner Reise zum Weltjugendtag Ende Juli in Rio besprechen. „Wenn der Papst Argentinier ist, dann ist Gott bestimmt Brasilianer", soll der Papst zu Rousseff gesagt haben.

Für Franziskus begann der Reigen der offiziellen Audienzen. Er empfing am 20. März die Vertreter von christlichen Kirchen und Gemeinschaften sowie von anderen Religionen, um sich in einer größtenteils abgelesenen Rede zum Konzil, zum noch von Benedikt XVI. einberufenen und bis in den Herbst reichenden *Jahr des Glaubens,* zum Weg der Ökumene und zum interreligiösen Dialog zu bekennen. „Das war für uns wichtig zu hören", kommentierte der Pfarrer der evangelisch-lutherischen Gemeinde von Rom, Jens Martin Kruse, gegenüber Radio Vatikan. Er habe den Eindruck, dass der Papst „auch neue Akzente setzen wird, in Fortsetzung dessen, was Benedikt XVI. angefangen hat". Da sei „ganz viel angelegt, was jetzt wachsen kann": Franziskus bringe eine „große Herzensweite mit, die Dinge jetzt zwischenmenschlich weiterzuentwickeln". Am Freitag waren dann die Diplomaten dran; ihnen sagte der Papst, er wolle wirklich ein Pontifex sein, ein Brückenbauer. „Ich wünsche mir wirklich, dass der Dialog zwischen uns dazu beiträgt, Brücken zwischen allen Menschen zu bauen, so dass jeder im anderen nicht einen Feind, einen Konkurrenten sieht, sondern einen Bruder, den er annehmen und umarmen soll!" Auch seine eigene Herkunft dränge ihn zum Brückenschlagen, seine Familie komme ja aus Italien. „Und so ist in mir stets dieser Dialog zwischen Orten und Kulturen lebendig, die voneinander entfernt sind –

„Das ist für mich ein Hirte: jemand, der rausgeht, um die Leute zu treffen."
Kardinal Jorge Mario Bergoglio

Die erste Begegnung mit Botschaftern aus aller Welt beim Heiligen Stuhl.

zwischen dem einen und dem anderen Ende der Erde, die heute einander immer näher rücken."

Er stehe für die „Förderung der Freundschaft und der Achtung unter den Menschen verschiedener religiöser Traditionen" aufgrund der gemeinsamen Verantwortung, „die wir alle für diese unsere Welt und für die gesamte Schöpfung tragen, die wir lieben und bewahren müssen. Wir können viel tun für das Wohl der Armen, der Schwachen und der Leidenden, wir können viel tun, um die Gerechtigkeit zu fördern, die Versöhnung voranzutreiben, den Frieden zu schaffen. Vor allem aber müssen wir in der Welt den Durst nach dem Absoluten lebendig halten, indem wir nicht zulassen, dass eine nur eindimensionale Sicht des Menschen überhandnimmt, nach der der Mensch auf das beschränkt wird, was er produziert und was er konsumiert." Und auch denen, „die sich zwar zu keiner religiö-

sen Tradition bekennen, sich aber dennoch auf der Suche nach dem ... Wahren, Guten und Schönen, das Gott ist, befinden", fühle er sich nahe – er sehe sie als Verbündete „im Einsatz zur Verteidigung der Menschenwürde, beim Aufbau eines friedlichen Zusammenlebens unter den Völkern und bei der achtsamen Bewahrung der Schöpfung".

Genauso wichtig wie die offiziellen und naturgemäß etwas steifen Audienzen schienen dem Papst aber formlose Gespräche und Telefonate zu sein. Er rief einen Bekannten in einem Zeitschriftenkiosk in Buenos Aires an, damit der ihm bitte nicht mehr die Zeitung *Clarín* zurücklege, er lud argentinische Landsleute zu einem Umtrunk in das Vatikan-Gäste-

haus *Santa Marta* ein, und er feierte eine Frühmesse mit Vatikan-Arbeitern, Gärtnern, Putzkräften. Einmal kam (nachdem Franziskus zunächst beim Pförtner des römischen Jesuiten-Generalats angeläutet hatte und von dem erschrockenen Mann erst nach etwas Hin und Her weiterverbunden worden war) auf seine Bitte hin kein Geringerer als sein Generaloberer zu Besuch. Adolfo Nicolás SJ bot Franziskus, der wie „irgendein Jesuit" behandelt werden wollte, die „Ressourcen" des gesamten Ordens an, und Pater Papst war derart liebenswürdig zu ihm, dass der Spanier sich hinterher sicher war, dass sie gut zusammenarbeiten würden.

D och schon hatte sich Franziskus auch erste Gegner gemacht – und zwar unter Heraldikern. Die Experten waren schlechthin entsetzt, als sie das Wappen sahen, das sich der neue Papst aus Elementen seines bisherigen Bischofswappens zusammengestellt hatte: „Schlicht und stillos,

einfach und einfallslos". Unter der bischöflichen Mitra und den Petrusschlüsseln, die auch Benedikt schon als Rahmen gewählt hatte, zeigt das blaue Wappenschild oben das Emblem der Jesuiten, nämlich eine Sonnenscheibe mit dem eingeschriebenen Christusmonogramm „IHS", und darunter einen Stern, der Maria, sowie einen Nardenzweig, der den heiligen Josef symbolisieren soll. Diese Narde war es vor allem, die die Experten nach einer Formulierung der *Katholischen Nachrichtenagentur* „auf die Palme brachte", weil sie bislang keineswegs als Josefssymbol bekannt war. Unter dem Wappen steht, von Heraldikern zum Glück unbeanstandet, der Wahlspruch des Franziskus, *miserando atque eligendo*, „aus Barmherzigkeit gewählt": Das ist ein Zitat aus einer Predigt des

Beda Venerabilis über die Berufung des Zöllners Matthäus. Für den neuen Papst hat Matthäus eine besondere Bedeutung, denn an seinem Festtag, dem 21. September, hatte er dereinst – 60 Jahre ist das nun her – in einem Beichtstuhl in Flores plötzlich seine Berufung zum Priestertum gespürt.

Andere Gegner waren ernster zu nehmen als die Heraldiker. Verbände von Missbrauchsopfern begannen zu untersuchen, ob sich der neue Papst in seiner Zeit als Erzbischof von Buenos Aires beim Umgang mit Missbrauchsfällen irgendetwas hatte zuschulden kommen lassen. Und argentinische wie westliche Medien wollten auch nach der Amtseinführung des Papstes nicht davon lassen, seine Rolle zu Zeiten der Militärdiktatur ins Zwielicht zu rücken. Franziskus empfing seinen Landsmann, den Menschenrechtler und Nobelpreisträger Adolfo Pérez Esquivel, der ihn anschließend erneut in Schutz nahm; Bergoglio habe nicht mit der Junta zusammengearbeitet, sondern mit stiller Diplomatie Opfern geholfen. Bei dem Treffen habe sich Franziskus entschlossen gezeigt, „die Wahrheit, die Gerechtigkeit und die Wiedergutmachung der durch die Diktatur erlittenen Schäden" voranzubringen.

Bemerkenswert war, dass nach Leonardo Boff auch andere bekannte Befreiungstheologen den Papst verteidigten. Der Argentinier Antonio Reiser, der 1977 selbst auf einer Todesliste der Generäle gestanden hatte, äußerte, es stimme nicht, dass Bergoglio damals Menschen denunziert habe. „Alle waren damals ängstlich und man konnte nicht viel tun." Er habe den Verdacht, dass es Kreise aus der heutigen argentinischen Regierung seien, die die Gerüchte über Bergoglios damaliges Tun und Lassen nährten. Franz Jalics, einer der beiden Jesuiten, auf die sich die kritischen Anfragen an den neuen Papst vor allem konzentrierten, schob

seiner ersten, nicht ganz eindeutigen Erklärung am 20. März eine weitere nach. „Dies sind nun die Tatsachen", hieß es darin: „Orlando Yorio und ich wurden nicht von Pater Bergoglio angezeigt." Das habe er zwar, wie er einräumte, „früher" anders gesehen. „Ende der 90er-Jahre aber ist mir nach zahlreichen Gesprächen klar geworden, dass diese Vermutung unbegründet war. Es ist daher falsch zu behaupten, dass unsere Gefangennahme auf die Initiative von Pater Bergoglio geschehen ist."

Zwei Päpste umarmen sich

Eine welthistorische Begegnung würde es werden, das stand schon vorher fest: Am Samstag, dem 23. März 2013, wollte sich Franziskus mit Benedikt treffen, der argentinische Jesuit mit dem bayerischen Theologen. Zuletzt hatte es ein Tête-à-tête zweier Päpste im Jahr 1294 gegeben, „wobei diese Begegnung weniger erfreulich war", so der Kirchenhistoriker Hubert Wolf, denn Bonifaz VIII. ließ seinen Vorgänger Coelestin V. (der mehr oder weniger freiwillig zurückgetreten war) aus Angst vor unliebsamer Konkurrenz einsperren. Die Begegnung von Benedikt und Franzikus stand da eindeutig unter einem günstigeren Stern.

„Das wird kein Gipfeltreffen zweier Machthaber", sagte ein im Vatikan zirkulierendes Papier voraus, „es wird auch sicher kein Protokoll geben, wer sollte ein solches denn auch austüfteln? Aber es wird eine Begegnung, von der künftige Generationen in ihren Geschichtsbüchern lesen werden." Die beiden hatten sich in Castelgandolfo zum Essen verabredet. Dass Benedikt seinem Nachfolger 300 handgeschriebene Seiten mit Notizen und guten Ratschlägen überreichen wollte, wurde von Vatikansprecher Federico Lombardi entschieden bestritten.

Um Viertel nach zwölf traf also Franziskus per Hubschrauber in Castelgandolfo ein und ging

Mit dem „Holycopter" nach Castelgandolfo: das erste Treffen mit Benedikt XVI. An die Begegnung zweier lebender Päpste muss die Welt sich erst noch gewöhnen.

mit ausgebreiteten Armen auf Benedikt zu; die zwei älteren Herren in Weiß umarmten sich. „Wir sind Brüder", war einer der wenigen Sätze, die von diesem Nachmittag bekannt wurden. Franziskus hatte das zum gebrechlich wirkenden Benedikt gesagt. Sie beteten, in derselben Bank kniend, vor einem Bild der Schwarzen Muttergottes von Tschenstochau, das ihr gemeinsamer Vorgänger Johannes Paul in der Kapelle des hiesigen Sommerpalastes angebracht hatte. Sie sprachen auf Italienisch eine Dreiviertelstunde lang miteinander in der Bibliothek, in der schon des Öfteren ein Papst wichtige Besucher, aber noch nie seinen unmittelbaren Vorgänger im Amt empfangen hatte. Und sie ließen sich nicht auf dem Balkon sehen, obwohl draußen ein paar Dutzend Journalisten warteten und auf

spektakuläre Bilder hofften. Stattdessen aßen Papst und emeritierter Papst zu Mittag. Ein etwa zweistündiges „Treffen in tiefster Eintracht", sagte der Vatikansprecher: Franziskus habe dem Vorgänger eine Marienikone geschenkt, die *Madonna der Demut*.

W er hier der herrschende und wer der emeritierte Papst war, wurde nur an einigen Details der Kleidung deutlich. Und daran, dass Franziskus im Auto, das die beiden Bischöfe vom Hubschrauberlandeplatz zum Palast chauffierte, auf dem laut Lombardi „klassischen Papstsitz" Platz genommen hatte: hinten rechts.

Weißweißfoto: Benedikt und
Franziskus im gemeinsamen
Gebet in Castelgondolfo.

Gastgeschenk für den
Vorgänger: Eine Ikone mit
der *Madonna der Demut*
als Dank für die vielen
kleinen und großen Zei-
chen einer neuen Beschei-
denheit im Papstamt, die
im Lauf des achtjährigen
Pontifikats von Benedikt
XVI. sichtbar wurden.

Franz von Assisi

Franz von Assisi ist einer der bekanntesten und beliebtesten Heiligen der Christenheit. Als Sohn eines reichen Tuchhändlers und einer Französin wurde er um 1181 im Bergstädtchen Assisi in Umbrien geboren und erlebte eine sorglose Jugend. Das änderte sich, als er bei einer Schlacht zu Beginn des 13. Jahrhunderts in Perugia über ein Jahr lang in Gefangenschaft geriet; er überdachte sein Leben und erlebte eine tiefgreifende innere Bekehrung. Franziskus begann, in radikaler Armut zu leben: Der Überlieferung nach warf er seinem wütenden Vater, der ihn zur Vernunft rief, seine Kleider vor die Füße, woraufhin der Bischof von Assisi den Nackten in seinen Bischofsmantel hüllte. Zusammen mit einigen Gefährten zog er, nur mit einer einfachen Kutte angetan, durch die Region, predigte und kümmerte sich um Kranke und Ausgestoßene. Um seinen Charme und seine Einfachheit ranken sich viele Geschichten; so soll er einmal auch den Vögeln das Evangelium gepredigt haben. 1210 bestätigte Papst Innozenz III. ihm und seinen Gefährten erste Gemeinschaftsregeln sowie das Recht zum Predigen.

1211 gründete der Poverello („der kleine Arme") mehrere kleine Klöster; im Jahr darauf nahm er

Franz von Assisi (1181/82–1226). Fresko von Cimabue im *Sacro Convento* in Assisi, entstanden um 1278.

Klara von Assisi in seine Gemeinschaft auf, woraus sich der Orden der Klarissen entwickelte. Seine Predigtreisen führten den „Troubadour Gottes" bis nach Spanien und Südfrankreich, 1219 und 1220 auch ins Heilige Land. Dabei führte er auch Glaubensgespräche mit hochrangigen Muslimen. Bei seiner Rückkehr nach Europa zwang ihn ein Richtungsstreit, die Führung des wachsenden Ordens abzugeben; in Rom wurde eine Regel gebilligt, die die franziskanische Bewegung in die Kirche einbinden sollte.

Eines der wichtigsten Verdienste des Heiligen von Assisi ist es, den Armutsgedanken und die radikale Nachfolge Jesu in der Kirche wieder hoffähig gemacht zu haben. Seine Lieder – darunter der bekannte *Sonnengesang*, der seine Liebe zur Schöpfung belegt – zählen zu den ersten Dichtungen in italienischer Volkssprache. 1223 inszenierte Franz von Assisi in der Nähe von Greccio die erste lebende Krippe. Im Jahr darauf empfing er nach einem 40-tägigen Fasten auf dem Berg La Verna die Wundmale Jesu, die sogenannten Stigmata. Erschöpft und fast blind, starb er 1226 im Portiuncula-Kloster vor den Toren seiner Heimatstadt. Schon zwei Jahre später wurde er heiliggesprochen.

Palmsonntag mit Franziskus.

Der Dialog mit dem
Islam wird zu den
großen Themen des
Pontifikats gehören.

Lauter Baustellen für Papst Franziskus

Von Papst Franziskus wird viel erwartet: An der Kurie soll er aufräumen, durch die Welt soll er reisen, über einer Milliarde Katholiken in aller Welt soll er Orientierung geben. Und das alles unter den Augen seines Vorgängers — so was hat es in der Kirchengeschichte noch nicht gegeben. Wird der Papst nach Bagdad reisen? Oder nach China? Oder wird er zunächst einmal die Kurie reformieren (müssen)?

Das „Jahr des Glaubens"

Den neuen Vorarbeiter des Herrn, Franziskus, erwarten im Kirchenstaat, und nicht nur dort, eine ganze Menge Baustellen. Die italienische Tageszeitung *La Stampa* zählte vor seiner Wahl fünf „ungelöste Knoten" auf: die Glaubenskrise, eine „Reform der Reform" in der Liturgie, die Einigung mit den Piusbrüdern, die Kurienreform und das Priestertum für Frauen, in dieser Reihenfolge. Irgendwie war es der Ökumene, dem Zölibat und der Pille gelungen, nicht in die Liste aufgenommen zu werden.

Im Vatikan selbst sah man bislang vor allem die Glaubenskrise als Priorität. Sie wirkt aus römischer Sicht wie die Mutter aller Krisen im Christentum. Das heißt nicht, dass man die Anliegen westlicher Christen nach grundstürzenden Änderungen, angefangen mit einer stärkeren Rolle für Frauen in der Kirche, in der Kurie nicht wahrnähme.

Tatsächlich hat es am Heiligen Stuhl auch unter Benedikt XVI. einige Öffnungen gegeben, die allerdings so zaghaft waren, dass viele sie nicht einmal wahrgenommen haben. Ein *Motuproprio* hat die Rolle des Diakons dergestalt präzisiert und vom Priestertum unterschieden, dass das Amt theoretisch auch von Frauen ausgefüllt werden könnte. In *Licht der Welt* hat der frühere Papst in engen Grenzen Kondome erlaubt – ein Tabubruch für den Vatikan, auch wenn er sehr samtpfötig daherkam –, und wiederverheirateten Geschiedenen gegenüber hat er sich mehrere Male ausgesprochen verständnisvoll geäußert. Auch die sogenannte „Pille danach" hat der Vatikan unter anderem unter der Bedingung erlaubt, dass das konkrete Präparat keine abtreibende, sondern nur verhütende Wirkung hat. Lauter kleine Ansätze zu Reformen im Vatikan, bei denen sich aber die kirchliche Morallehre in ihrer Substanz nicht verändert hat.

Es ist nicht zu erwarten, dass das unter Franziskus grundlegend anders wird. Denn der neue Papst ist schon in seiner Zeit als Erzbischof von Buenos Aires keinen Kompromisskurs gefahren. Das kirchliche Ehe- und Familienmodell liegt ihm am Herzen, das hat sein Einsatz gegen das argentinische Abtreibungsrecht und gegen die Legalisierung einer gleichgeschlechtlichen Ehe deutlich gezeigt.

Zum Zölibat sagte Bergoglio in *El Jesuita,* er sei sich „nicht sicher, dass seine Abschaffung zu einem Anstieg von Priesterberufungen führen würde". Eine Lockerung des Zölibats könne er sich nicht universell, sondern nur in bestimmten kulturellen Zonen und Umständen vorstellen.

Rom hört die Forderungen aus dem Westen – aber es setzt andere Prioritäten. Es deutet auf Kirchen und kirchliche Gruppen, die sich von der Reformation herleiten und die alles haben, was vom Katholizismus gern gefordert wird, darunter auch das Frauenpriestertum. Sind diese Kirchen nicht noch viel mehr in der Krise als die katholische?, wird im Vatikan dann gern gefragt. Das Argument ist tatsächlich nicht einfach von der Hand zu weisen. Würden europäische oder US-Katholiken sich durch ihren starken Glauben, ihre blühenden Priester- und Ordensberufungen und durch ein reiches Gebetsleben hervortun, dann nähme man im Vatikan die Wunschzettel von der „Basis" im Westen sicher ernster.

Die Glaubenskrise also. Seit dem 11. Oktober 2012 und noch bis zum 24. November 2013 läuft im Vatikan und der Weltkirche das „Jahr des Glaubens" mit einer Vielzahl von Initiativen. Der Glaube ist zu Beginn dieses neuen Pontifikats das beherrschende Thema im Vatikan, zu dem auch von Papst Bergoglio Ideen

und Projekte erwartet werden. Das muss nicht, das kann aber seine erste Enzyklika sein.

Das Konzil und das „Volk Gottes"

Mit dem Glaubensjahr eng verbunden ist die Erinnerung an das Zweite Vatikanische Konzil, das am 11. Oktober 1962 begann, also vor 50 Jahren. Benedikt XVI. war noch einer der wenigen Zeitzeugen dieses Großereignisses. Als theologischer Berater des Kölner Kardinals Joseph Frings hatte er damals die römischen Debatten miterlebt. Bergoglio hingegen war damals schon in den Jesuiten-

In den Wohn- und Arbeitsräumen des päpstlichen Appartements, deren Versiegelung er am Tag nach seiner Wahl öffnete, erwarten Franziskus zahlreiche Aufgaben, auch wenn er entschieden hat, dort nicht zu wohnen.

orden eingetreten, studierte, bereitete sich auf das Priesteramt vor; doch er ist der erste Papst, der erst nach dem Konzil die Priesterweihe empfing.

Dem deutschen Papst war es darum gegangen, die Deutungshoheit über das Konzil zurückzugewinnen. Aus seiner Sicht nämlich hatte ein „Konzil der Medien" das „echte Konzil" übertönt und die

Was Benedikt XVI. und Franziskus besprachen, nachdem
die Fotografen gegangen waren, ist nicht bekannt.

Debatten oder Texte aus der Konzilsaula fälschlich als „Bruch" mit der vorkonziliaren Kirche gewertet. Diese Lesart („Hermeneutik des Bruches") hatte dann, so fand Benedikt, zu vielen Problemen in der Kirche geführt: „geschlossene Seminare, geschlossene Klöster, banalisierte Liturgie". „Die Welt hat das Konzil durch die Medien wahrgenommen." So war nach Ratzinger-Benedikts Diagnose der allgemeine Eindruck entstanden, man könne über den Glauben abstimmen, er lasse sich also ändern; man könne die Liturgie ganz neu entwerfen, ohne auf Bisheriges Rücksicht zu nehmen; man müsse, da doch auch das Konzil eine Art „Kirchenparlament" gewesen sei, demokratische Strukturen in der Kirche einführen. Dass die Kirche von den Vätern des Konzils als „Volk Gottes" definiert worden war, klang vielen verführerisch nach Volkssouveränität.

Franziskus hat allerdings schon bei seiner ersten Ansprache gezeigt, dass er sich keineswegs scheut, das Wort „Volk Gottes" in den Mund zu nehmen. Anders als beim Vorgänger scheint es geradezu konstitutiv für sein Kirchenbild zu sein. Auch sein Insistieren auf der gegenseitigen Zuordnung von Bischof und Volk kommt vom Konzil her und ist bemerkenswert.

Viele der Öffnungen, die das Zweite Vatikanum brachte, namentlich den Dialog mit dem Judentum, hat der neue Papst auch in seiner eigenen Biografie glaubwürdig mitvollzogen, und viele seiner ersten Gesten im Amt deuten darauf, dass er das vom Konzil beschriebene Prinzip der Kollegialität zwischen Rom und den Ortsbischöfen besser umsetzen will.

Kein Zweifel also: Franziskus steht zum Konzil. Und er wird ebenso wie sein Vorgänger darauf bestehen, dass das Konzil die Kirche verpflichtet; dass man sich nicht mit dem Hinweis, es sei doch ein reines Pastoral- und kein Lehrkonzil gewesen, einfach hinwegsetzen kann über Vorgaben wie Ja zur Ökumene, Ja zur Religionsfreiheit, Ja zum Gespräch mit Islam und Judentum, Ja zum säkularen Staat. Das bedeutet, dass mit dem Wechsel von Benedikt zu Franziskus eine mögliche Wiedereingliederung der schismatisch orientierten Piusbruderschaft in die römisch-katholische Kirche keineswegs wahrscheinlicher geworden ist. Eher im Gegenteil.

Gespannt darf man sein, was unter Franziskus aus den Bischofssynoden wird, die bisher in der Regel alle zwei Jahre auf Einladung des Papstes für etwa einen Monat zusammengetreten sind. Der neue Papst kennt sie, er hat 2001 auf einer dieser Synoden einen der Hauptvorträge gehalten. Außerdem hat er vielfältige Erfahrungen mit Großkonferenzen lateinamerikanischer Bischöfe und bringt von dort viele neue Ideen mit. Natürlich ist es ein Problem, dass es eine Kultur öffentlicher Debatten in der Kirchenführung (noch) nicht gibt. Und natürlich haben die Bischofssynoden in ihrer jetzigen Form einige Mängel. Aber sie könnten für Papst Bergoglio ein Ansatzpunkt sein, um die von ihm gewünschte Kollegialität des Bischofskollegiums mit dem Papst herzustellen.

Reform der Kurie

An der Kollegialität hapert es nämlich – nicht nur zwischen Rom und den Bischöfen, sondern auch innerhalb der Kurie. Das liegt unter anderem daran, dass Johannes Paul II. zugunsten anderer pastoraler Schwerpunkte sich nie an eine große, durchdachte Kurienreform gemacht hat; nur an einigen Stellschrauben haben er und sein Nachfol-

ger gedreht. Die letzte große Kurienreform wurde von Papst Paul VI. unmittelbar nach dem Zweiten Vatikanischen Konzil in den 1960er-Jahren in Angriff genommen. Selbst wenn das vatikanische Staatssekretariat und die ihm zugeordneten Einrichtungen mit der Zeit internationaler geworden sind, bilden Italiener dort weiterhin die zentrale Gruppe; nicht alle Zuständigkeiten sind bis ins Letzte geklärt, „Kabinettssitzungen" des Papstes mit den Kurienchefs sind eine Seltenheit geblieben, das System der *Checks and Balances* funktioniert kaum oder gar nicht, das Grundgesetz (eine Apostolische Konstitution namens *Pastor Bonus* von 1988, welche die Fäden der Kurienreform von Paul VI. festzurrte) könnte eine Aktualisierung gebrauchen.

„Treue ist immer Änderung, Aufkeimen, Wachstum."
Jorge Mario Bergoglio als Kardinal in einem Interview

In den acht Jahren Benedikts XVI. legten mehrere Pannen und Skandale offen, dass die Kurie nicht richtig rund lief. Am meisten Vertrauen hat die Kurie wohl im Umgang mit den Missbrauchsskandalen verspielt, die zunächst die Kirche in den USA und ab 2010 die in Europa heimgesucht haben. Natürlich spielte auch so mancher Bischof, der auf einmal wegen des Vertuschens von Fällen sexuellen Missbrauchs durch Priester oder Kirchenangestellte unter Druck geriet, diesen Ball nach Rom weiter. Jedenfalls stand mit einem Mal die (ohnehin durch die früheren Skandale angeschlagene) Kurie vollends im Zwielicht. Es waren für uns, die wir in Vatikannähe arbeiten, Tage, ja Wochen wie im Belagerungszustand.

Papst Benedikt hatte der Versuchung widerstanden, die Missbrauchsskandale als künstliche Medienerregung abzutun. Die größte „Verfolgung der Kirche" entstehe „aus der Sünde in ihrem Innern", sagte er im Mai 2010 bei einer Reise nach Portugal. Er tat während seines Pontifikats

einiges, um die Skandale aufzuarbeiten. Aber auch dem neuen Papst Franziskus bleibt hier noch viel zu tun. In Teilen der Kurie scheint es immer noch eine Kultur der *omertà,* des Schweigens zum Schutz der Institution, zu geben, eine Angst vor Aufklärung und dem Fischen in trüben Gewässern. Der neue Papst wird der Kurie und den Bischöfen in aller Welt klarmachen müssen, dass nur Offenheit wirklich der Glaubwürdigkeit der Kirche dient. Nicht Vertuschen. Nicht Heuchelei.

Was die römische Kurie betrifft, so hat sie traditionell zwei Hände: die Glaubenskongregation, die in einem Gebäude links vom Petersplatz untergebracht ist, und das Staatssekretariat, das rechts vom Platz im Apostolischen Palast liegt und das eine Abteilung für Außen- und eine zweite für Innenpolitik hat. Links der Glaube, rechts die Diplomatie, und die eine Hand sollte immer wissen,

Franziskus hat Tarcisio Bertone, den bisherigen Kardinalstaatssekretär, wie alle hohen Kurienchefs vorläufig im Amt bestätigt.

was die andere gerade tut. Benedikt XVI. hat dieses Zusammenspiel durcheinandergebracht, als er, der frühere Präfekt der Glaubenskongregation, seinen zweiten Mann, Erzbischof Tarcisio Bertone, von links nach rechts mitnahm: Er machte den Nichtdiplomaten zu seinem Kardinalstaatssekretär. Das hat, wenn man die Skandale dieser acht Jahre richtig deutet, die Kreise einiger Kurialer gestört (genannt wird in diesem Zusammenhang immer wieder der Dekan des Kardinalskollegiums, Angelo Sodano) und den Apparat des Papstes teilweise gelähmt.

Auf jeden Fall steht Franziskus nun die Aufgabe bevor, die Kurie wieder arbeitsfähig zu machen. Das Thema hat im Vorkonklave von Rom eine zentrale Rolle gespielt, das verpflichtet den neuen Papst. Kardinal Julián Herranz Casados geheimen Vatileaks-Bericht bekommt Franziskus auf seinen Schreibtisch als Leitfaden für seine Entscheidungen. Dass eine Kurienreform kommen wird, hat der Freund des Papstes, der brasilianische Kardinal Cláudio Hummes, schon in den ersten Tagen nach der Papstwahl bestätigt. Aber sie werde, so setzte er hinzu, im Geist des neuen Papstes durchgeführt werden: einem „Geist der Einfachheit und der Konzentration auf das Wesentliche".

Kirchen in Nahost vor dem Aus

Franziskus tritt auch noch in anderer Hinsicht ein herausforderndes Amt an: Als Papst wird er von vielen, und zwar Christen wie Nichtchristen, als eine Art Sprecher des Christentums an sich betrachtet – eine Errungenschaft aus der Ära Johannes Pauls II. mit seinen über 100 Auslandsreisen. Nun ist das Christentum heute, wenn man den Statistiken glauben darf, die am meisten verfolgte religiöse Gruppe im Weltmaßstab; vor allem in Ländern mit islamischer Bevölkerungsmehrheit geraten Christen in Bedrängnis, fühlen sich als Staatsbürger zweiter Klasse behandelt und emigrieren, wenn sie können, nach Europa oder Amerika. Dieser kontinuierliche Aderlass hat dazu geführt, dass jahrtausendealte Ortskirchen im Nahen Osten, namentlich im Irak, vor dem Aus stehen. Sogar aus der Ursprungsregion des Christentums selbst, aus dem Heiligen Land, fliehen die Christen, so dass in absehbarer Zeit ausgerechnet dort, wo Jesus das Evangelium verkündete, nur noch Steine und Ruinen vom christlichen Glauben künden werden, aber keine Menschen mehr.

Was ein Papst da machen kann? Nicht viel. Aber er kann in die Region reisen, so wie es Paul VI., Johannes Paul II. und auch Benedikt XVI. immer wieder getan haben: Papstrei-

Der brasilianische Franziskanerkardinal Cláudio Hummes, Freund und Vertrauter von Papst Franziskus.

sen heben wichtige Themen auf die internationale Agenda, und sie leisten einiges für das Ansehen der Christen im besuchten Land.

Auch Franziskus wird also reisen müssen: nach Israel und Palästina um der Beziehungen zum Judentum und zum Islam willen (der heilige Franz von Assisi ist mit seiner Reise zum ägyptischen Sultan el Malik el Kamil so etwas wie ein Patron des katholisch-islamischen Dialogs). Auch nach Istanbul, um gleich den Gesprächsfaden zum Ökumenischen Patriarchen, der ja auch an Franziskus' Amtseinführung in Rom teilgenommen hat, und damit zur orthodoxen Christenheit aufzunehmen. Er wird aber vor allem deshalb in Länder des Nahen Ostens reisen müssen, um den bedrängten Christen dort beizustehen, bevor noch mehr von ihnen die Koffer packen und aufgeben. Ein mögliches Reiseziel könnte Ägypten sein, eines der Kernländer des Arabischen Frühlings, in dem mit der koptisch-orthodoxen Kirche immerhin die größte christliche Gemeinschaft des ganzen Nahen Ostens lebt.

Und warum keine Papstreise nach Bagdad, wie Johannes Paul II. sie sich um das Jahr 2000 herum vergeblich erträumt hatte? Oder nach Damaskus, sobald (oder besser, falls) in Syrien wirklicher Friede einzieht? Oder nach Teheran? So riskant diese Reiseziele auch sind: Den Christen vor Ort – allen Christen – und den Geflüchteten oder Vertriebenen würden solche Papstreisen guttun. Und den Muslimen in den besuchten Ländern auch. Franziskus hat beteuert, bei seiner Namenswahl habe ihn auch inspiriert, dass der heilige Franz von Assisi für den Frieden stehe. Mit diesem Pfund muss der neue Papst wuchern. So wenig reiselustig er sich in seiner Zeit als Erzbischof auch gezeigt hat: Er wird nicht einfach in Rom bleiben können.

Wohl das erste Reiseziel: Lateinamerika

Aber natürlich wird Franziskus' erstes Reiseziel nicht der Nahe Osten sein, sondern voraussichtlich Lateinamerika, seine Heimat, der „katholischste" aller Kontinente. In Brasilien, wo um die 65 Prozent der Bevölkerung sich katholisch nennen, findet Ende Juli 2013 in Rio de Janeiro der kirchliche Weltjugendtag statt. Daran wird Papst Franziskus teilnehmen; es dürfte seine erste große Auslandsreise im Papstamt sein. Einiges spricht dafür, dass er noch vor Jahresende 2013, vielleicht im Dezember, auch seine argentinische Heimat besucht. Jedenfalls hat Franziskus schon mehreren Landsleuten in Rom gesagt: „Wir sehen uns in Buenos Aires!"

162 Millionen Katholiken leben in Mittel-, 339 Millionen gar in Südamerika: beeindruckende Zahlen. Doch nicht wenige dieser Katholiken gehen ihrer Kirche von der Fahne und laufen zu einer der vielen Freikirchen über, wo sie mehr Spontaneität erleben, mitreißendere Liturgien, einen Mitmach-Glauben. Viel stärker als im rationellen Europa ist Glaube in Lateinamerika etwas Emotionales; darum gibt es – in der katholischen Kirche und außerhalb – bunte Formen von Gemeinden, etwa Hauskirchen, zu denen sich mehrere Familien zusammenschließen, um Gottesdienst zu feiern. 1996 sollen die Freikirchen in ganz Lateinamerika bei nur vier Prozent Bevölkerungsanteil gelegen haben, 2010 waren sie schon auf 13 Prozent geklettert. Der Katholikenanteil sinkt dementsprechend langsam, aber kontinuierlich. Diese Beobachtung dürfte bei dem Konklave, aus dem erstmals in der Geschichte ein lateinamerikanischer Papst hervorging, eine Rolle gespielt haben.

Wichtig für die Zukunft des katholischen Christentums in Lateinamerika wird sein, dass es die Armen nicht enttäuscht. Und dafür ist Franziskus der richtige Mann. „Lateinamerika – und das wird auf Weltebene zu wenig gesehen – ist der Kontinent mit der größten Ungleichheit", sagte der deutsche Herz-Jesu-Missionar Norbert Strotmann, Bischof eines Vororts von Perus Hauptstadt Lima, einmal in einem Interview mit Radio Vatikan. „Heute jubelt man Brasilien hoch, aber man muss wissen: Das ist das Land Nummer eins mit den größten Ungleichheiten im Einkommen. Es macht mich nervös, wenn ich daran denke, dass wir als Kirche nicht in der Lage sind, das Denken, das dem zugrundeliegt, aufzubrechen. Nicht im Sinne von Revolutionstheorien, sondern den Menschen im Sinne der Bibel sensibel zu machen für den Menschen ..."

Der neue Papst tritt in *El Jesuita* für einen „Umbau unserer Strukturen ein, um missionarisch zu werden". Die Kirche sei kein Dienstleister, der passiv abwarte, bis ein Kunde komme: „Stattdessen brauchen wir Strukturen, um dahin gehen zu können, wo wir gebraucht werden, wo die Leute sind." Von den Evangelikalen lasse sich durchaus etwas lernen, was den missionarischen Eifer betreffe. „Das Ausharren im Glauben impliziert das Hinausgehen", meinte er als Erzbischof einmal in einem anderen Interview. „Denn gerade dadurch, dass man im Herrn bleibt, geht man aus sich selbst heraus. Paradoxerweise gerade dann, wenn man bleibt, ändert man sich, weil man gläubig ist. Man bleibt nicht gläubig, wenn man wie die Traditionalisten oder die Fundamentalisten am Buchstaben klebt. Treue ist immer Änderung, Aufkeimen, Wachstum."

Die Kirche in Afrika und Asien

Herausforderungen erwarten Papst Franziskus auch in Afrika, wo die Zahl der Katholiken so rasant wächst wie nirgendwo sonst: 21 Prozent mehr binnen fünf Jahren. In einigen Jahrzehnten wird das katholische Christentum vor allem ein afrikanisches sein; allerdings ist der von Missionaren nach Afrika gebrachte Glaube vielfach an der Oberfläche verblieben, ohne wirklich die Mentalität dort zu berühren und die Sitten zu verändern. Ohne richtig einheimisch zu werden.

Die Herausforderungen, die Papst Franziskus mit Blick auf die afrikanische Kirche erkennen wird, lassen sich mit wenigen Stichworten umreißen: die Konkurrenz durch Freikirchen, auch hier. Aids und die beunruhigende Frage, ob die katholische Kirche darauf wirklich schon die beste Antwort gefunden hat. Eine Liturgie, die von vielen Afrikanern nicht als wirklich afrikanisch empfunden wird. Hunger. Waffenhandel. Diktatoren, die bei Sonntagsmessen demonstrativ in der ersten Reihe sitzen (das wird dem Papst alles von seinen argentinischen Erfahrungen her bekannt vorkommen). Und ein Islam, der in Afrika bisher moderate Züge trug, neuerdings aber, wie die Mali-Krise gezeigt hat, zunehmend intolerant wird.

Sorgen muss sich Papst Franziskus aber vor allem um die katholische Kirche in Asien machen. Zwar ist die Zahl der Katholiken hier in den letzten fünf Jahren um 11 Prozent gestiegen – das zweitstärkste Wachstum weltweit nach Afrika. Doch ihre Zahl liegt nur bei insgesamt 130 Millionen, nicht viel für diesen Riesenkontinent. Wenn nicht die Philippinen mit ihren 81 Prozent Katholiken die Statistik etwas aufbessern würden – sie werden voraussichtlich ab 2050 das Land mit der größten katholischen Bevölkerung sein –, wäre das Bild der katholischen Präsenz in Asien richtiggehend desolat: Ein Prozent in Russland, ein Prozent in China, ein Prozent in Indien und so weiter.

Immerhin, die Bistümer und Ordensgemeinschaften in vielen Ländern Asiens unterhalten renommierte Schulen, die Katholiken sind sozial engagiert und spielen eine an ihrem Bevölkerungsanteil gemessen überdurchschnittliche Rolle in der Gesellschaft. Es besteht kaum ein Zweifel, dass die erste große Asienreise (zu der es in den acht Jahren Benedikts XVI. nie gekommen ist) von Papst Franziskus auf die Philippinen führen wird.

Besonders verzwickt ist das Verhältnis des Vatikans zur Volksrepublik China: Diplomatische Beziehungen bestehen seit Jahrzehnten nicht mehr, das Regime versucht die katholische Kirche zu kontrollieren, und diese ist unter dem Druck der Behörden in einen vom Regime tolerierten

und in einen „Untergrund"-Flügel gespalten. Mit vielerlei Grauzonen dazwischen. Dabei übt das Christentum auf Millionen Chinesen angesichts der rapiden Transformationen in ihrer Gesellschaft große Anziehungskraft aus. Mit Argusaugen achten Pekings Herrscher darauf, dass sich der Papst nicht in die, wie sie es nennen, „inneren Angelegenheiten Chinas einmischt". Immer wieder kommt es zum Streit zwischen Rom und Peking um Bischofsernennungen und -weihen; allzu romtreue Bischöfe werden von den Behörden mal geduldet, mal schikaniert, manchmal verschwinden sie in Haft oder Hausarrest.

Ein Papst muss reisen: Diesen Standard hat Johannes Paul II. gesetzt, und Benedikt XVI. ist schnell klargeworden, dass er dahinter nicht mehr zurückgehen konnte. Das Petrusamt ist ein weltweiter Dienst: Das ist der Anspruch, das ist die Bürde. Der Vatikan und der argentinische Papst werden sich nicht länger vorrangig für Europa interessieren.

Eine Verschiebung der Achsen

Ach, Europa. Immer wieder arbeiten Analysen in diesen Jahren heraus, wie sich der Schwerpunkt der katholischen Kirche, ihr „Gravitationszentrum", weiter und weiter von Europa wegverlagert. Und es stimmt ja auch: In ca. 20 Jahren werden in Afrika mehr Katholiken leben als in Europa, und von 2030 an dürften sich drei Viertel aller Katholiken auf Lateinamerika, Afrika und Asien verteilen. Die Wahl von Franziskus hat dazu beigetragen, den Abgesang auf Europas Kirche weiter anschwellen zu lassen. Doch dabei wird oft unterschätzt, wie gut sie noch dasteht: Mit 285 Millionen bietet sie gleich nach Südamerika (wenn man Mittelamerika fortlässt) die größte Zahl von Katholiken auf einem Kontinent auf. Allerdings lag das Wachstum der Katholikenzahl in den letzten

Nicht nur Assisi wartet auf Franziskus.

Jahren nur bei zwei Prozent, der Bedeutungsverlust von Europas Kirche im weltweiten Maßstab dürfte also rasant zunehmen. Die USA zählen 85 Millionen Katholiken – und eine Wachstumsrate von fünf Prozent, das ist gar nicht so schlecht.

Diesseits wie jenseits des Atlantiks hat die katholische Kirche durch die Missbrauchsskandale dramatisch an Vertrauen eingebüßt. Hinzu kommt, dass viele Ortskirchen in Ländern wie den USA, Großbritannien, Spanien und Frankreich in den letzten Jahren vor allem als erbitterte Streiter gegen liberale Gesetzesvorhaben aufgetreten sind: Sie kämpfen gegen Lockerungen beim Abtreibungsverbot, gegen die sogenannte „Homo-Ehe", gegen Euthanasie-Vorhaben, gegen PID. So wichtig diese Kämpfe auch sind, die westlichen Kirchen laufen dabei doch Gefahr, in der Öffentlichkeit immer mehr als Interessengruppe wahrgenommen zu werden.

Der Vatikan will den Glaubensschwund in Europa und den USA nicht so einfach hinnehmen. Dazu hat Papst Benedikt, der bis auf Weiteres letzte Europäer auf dem Stuhl des Petrus, einen *Päpstlichen Rat für die Förderung der Neuevangelisierung* gegründet. Im Herbst 2012 fand zu diesem Thema eine Bischofssynode im Vatikan statt, die zu einer Ideenbörse für den Neuanfang geriet. Gleichzeitig wurde aber auch eine gewisse Ratlosigkeit erkennbar: Lässt sich denn überhaupt noch etwas tun gegen den Niedergang, gegen die innere Aushöhlung des katholischen Christentums in westlichen Ländern?

Von Papst Franziskus wird, auch wenn er selbst kein Europäer ist, auf diese Frage eine Antwort erwartet. Das Schlussdokument der Synode hat Benedikt XVI. vor seinem Rücktritt nicht mehr geschrieben; damit steht das Strategiepapier zur Wiederbelebung der westlichen Kirche aus päpstlicher Feder noch aus.

Zu viel für einen Einzelnen? — das Papstamt im Wandel

Er ist neu. Er hat noch Kräfte. Doch auch Papst Franziskus wird eines Tages an seine Grenzen stoßen. Und dann wird nicht nur die Frage nach seinem Rücktritt aufkommen, Menetekel des modernen Papsttums seit Joseph Ratzinger. Sondern man wird wieder fragen: Geht das überhaupt, dass ein Einzelner mit einem Stab von ein paar hundert Mitarbeitern von Rom aus eine außerordentlich vielfältige Weltkirche mit über einer Milliarde Mitgliedern zusammenhält?

Das Papstamt steht mit Papst Franziskus an einem Scheideweg. Es gibt eigentlich nur zwei Möglichkeiten: Entweder macht er so weiter wie früher, das heißt, er kehrt trotz aller Bekenntnisse zur Einfachheit und Konzentration auf das Wesentliche de facto zur Amtsausübung Johannes Pauls II. zurück. In diesem Fall wird der Papst nicht nur als der Bischof von Rom verstanden, sondern er nimmt auch die Funktionen wahr, die ihm vor allem im späten 19. Jahrhundert nach dem Untergang des Kirchenstaates, also erst vergleichsweise spät, zugefallen sind: Bischöfe ernennen und kontrollieren, das Kirchenrecht für die Ost- wie für die Westkirche garantieren, eine weltweit einheitliche Liturgie organisieren und beaufsichtigen, Richtlinien für katholische Einrichtungen in aller Welt formulieren. Und durch Synoden, Bischofsbesprechungen (die so genannten Ad-limina-Besuche von Bischöfen aus aller Welt in Rom) sowie – ein Johannes-Paul'sches Spezifikum – durch Inspektionsreisen die Weltkirche ganz konkret zusammenhalten.

Sage keiner, dass Benedikt XVI. mit seinem Rücktritt ein solches Weiter-so der Art des Petrusdienstes unmöglich gemacht hätte. Joseph Ratzinger trat ja gerade zurück, weil ihm die Kräfte zu einer entsprechenden Amtsausübung fehlten, so ließe sich argumentieren. Auch als emeritierter Bischof von Rom bleibt ihm der Titel „Seine Heiligkeit". Hätte er den Weg zu einem ganz anderen, zurückgenommenen, für seinen Träger weniger anstrengenden Papstsein weisen wollen, dann hätte er einfach im Amt bleiben und es von innen her allmählich verändern können. So hingegen wird das Kirchenrecht um einige Passagen über die Möglichkeit eines Papst-Rücktritts angereichert werden müssen, das wäre alles. Die *Frankfurter Allgemeine Zeitung* sieht das Papstamt sowohl durch Johannes Pauls Festhalten daran als auch durch Benedikts Aufgeben beschädigt: Der eine habe in seiner Enzyklika *Ut unum sint* von 1995 die Machtfrage gestellt, „ohne von der Macht zu lassen", der andere habe von der Macht gelassen, „ohne die Machtfrage zu stellen".

Wird Franziskus sie jetzt stellen? Er hat einen neuen Stil ins Petrusamt gebracht. Aber was wird er an der Substanz des Amtes ändern?

An den Beratungen der Kardinäle vor dem 2013er Konklave hat sich gezeigt, dass Benedikts Abdankung doch zu einigem „Chaos und tiefer Unsicherheit" geführt hatten, wie die italienische Tageszeitung *Il Messaggero* beobachtete. „Das tut der Kirche auf die Dauer nicht gut." Darum seien die Kardinäle, obwohl sie sich über vieles stritten, in einem Punkt doch „sehr einig" gewesen: „dass der Rücktritt ein Unikum bleiben müsse, eine historische Episode, die es so schnell wie möglich zu den Akten zu legen galt". Angeblich wollte eine Gruppe von Kardinälen sogar den neuen Pontifex zum Versprechen verpflichten, bis zum Tod im Amt durchzuhalten.

Der Anspruch an das Papstamt war bisher ein nahezu überirdischer. Das wird schon deutlich, wenn man das dicke, rot eingebundene *Annuario Pontificio* aufschlägt, das offizielle *Who's who* für die Welt innerhalb der vatikanischen Mauern. Auf einer der ersten Seiten sind dort die Titel eines Papstes aufgeführt. Unter dem Namen des regierenden Kirchenoberhaupts steht: „Bischof von Rom. Stellvertreter Jesu Christi. Nachfolger des Apostelfürsten. Oberster Pontifex der Universalkirche. Primas von Italien. Erzbischof und Metropolit der römischen Kirchenprovinz. Souverän des Staates der Vatikanstadt." Und schließlich: „Diener der Diener Gottes."

Aber da ist auch noch die zweite Form des Papstamtes, deren Möglichkeit sich jetzt unter Franziskus abzeichnet. Und auch das hat der Rücktritt Benedikts überhaupt erst vorstellbar werden lassen, selbst wenn Johannes Paul II. in *Ut unum sint* eine Vorskizze dazu geliefert hat. „Benedikts Rücktritt war in Wirklichkeit", so die italienische Zeitschrift Panorama, „seine letzte Enzyklika. Sein geistliches Testament." Ein „Testament voll Dynamit", so die Warschauer *Gazeta Wyborcza*, „ein Skandalon im guten Sinn" laut dem Philosophen Massimo Cacciari. „Man kann nicht so tun, als trüge das nicht in sich die Kraft zu noch mehr Innovatio-

nen." Immer wieder würden doch Reformen in der Kirche gefordert, stellte ein Artikel in der *Christ und Welt*-Beilage der Zeit fest: „Hier ist eine fundamentale." Das zielt auf ein Papst-Sein, das sich auf das Wesentliche zurückbesinnt, das ihm zugefallene Aufgaben abstößt oder auf andere Schultern (namentlich bischöfliche) weiterverteilt. Und das den Papst als eine Art Patriarchen versteht, der den „Vorsitz in der Liebe", von dem Franziskus schon in seiner ersten Rede ans Kirchenvolk gesprochen hat, vor allem als Primat ehrenhalber versteht. Eine Art Ökumenischer Patriarch auf katholisch.

Selbstverständlich wäre diese Variante für die Ökumene attraktiver – einfacher für den Papst zu leben wäre sie ohnehin. Man sollte aber auch die Risiken nicht unterschätzen. Das Herummodeln am Papstamt will genau überlegt sein; manches Wertvolle könnte sonst verlorengehen von einem Amt, das inmitten weltweiter Krisen und Katastrophen ein wichtiger Anhaltspunkt ist, gerade in seiner scheinbaren Unveränderlichkeit. Die Zauberformel der Päpste ist – oder war – die Unerschütterlichkeit.

Das Papsttum – auch das ist wahr – hätte nicht 2000 Jahre überlebt, wenn es sich nicht immer wieder neu erfunden hätte. Aber der Trick bestand gerade darin, dass es meist dennoch statisch wirkte, unerschütterlich, ein Fixpunkt. Petrus bedeutet „der Fels", nicht die Wanderdüne.

Papst Franziskus wird sich – und hier liegt wohl seine wichtigste Aufgabe – entscheiden müssen, was für eine Art Papst er sein will.

Papst Franziskus — der Lebenslauf

Bürgerlicher Name
Jorge Mario Bergoglio

geboren
am 17. Dezember 1936 in Buenos Aires, Argentinien

Eltern
Vater: Giuseppe Mario Francesco Bergoglio, geboren
in Portacomaro (italienische Provinz Asti), Buchhalter bei einer Eisenbahngesellschaft;
Mutter: Regina Maria Sivori, deren Eltern ebenfalls
aus Norditalien stammten, geboren in Buenos Aires

Geschwister
Óscar Adrián (†), Alberto Horacio (†),
Marta Regina (†) und Maria Elena

Staatsbürgerschaften
argentinisch, italienisch und vatikanisch

Sprachen
Spanisch und Italienisch fließend,
Deutsch, Englisch, Französisch, Portu-
giesisch, Latein und Altgriechisch

Ausbildung
nach der Schulzeit Ausbildung zum Chemietechniker an der *Escuela Nacional de Educa-
ción Técnica N° 27 Hipólito Yrigoye* (Diplom);
1956 Eintritt ins diözesane Priesterseminar
Villa Devoto; am 11. März 1958 Eintritt in den
Jesuitenorden; weitere Ausbildung dort

1958–1963
Noviziat in Córdoba, Argentinien; geistes-
wissenschaftliches Grundstudium in Chile;
Studium der Philosophie am *Colegio Máximo San José* in San Miguel, Argentinien

1964–1966
Lehrer für Literatur und Psychologie am *Colegio
de la Inmaculada* in Santa Fé (1964–1965) und
am *Colegio del Salvador* in Buenos Aires (1966)

1967–1970
Studium der Theologie am *Colegio Máximo
San José* in San Miguel, Argentinien

1969
13. Dezember: Priesterweihe

1970–1971
letzte Ausbildungsstufe im Jesuitenorden
(Tertiat) in Alcalá de Henares, Spanien

1972–1973
Novizenmeister in San Miguel sowie Konsul-
tor (Berater) des Provinzoberen der Jesuiten

1973
22. April: Profess (Letzte Gelübde) im Jesuitenorden

1973–1979
Provinzial (Oberer) der argentinischen Jesuiten

1980–1986
Rektor des *Colegio Máximo San José* in San Miguel;
daneben Pfarrer der Pfarrei *Patriarca San José*

1985
zweimonatiger Sprachkurs am Goethe-
Institut in Deutschland

1986
ein Semester in Deutschland: Studienaufent-
halt an der Philosophisch-Theologischen Hochschule *Sankt Georgen* in Frankfurt am Main

1986–1992
Seelsorger, zunächst am *Colegio del Salvador*
in Buenos Aires und dann vor allem an der
Jesuitenkirche in Córdoba, Argentinien,
als Spiritual und Beichtvater

1992
Ernennung zum Weihbischof in Buenos Aires
am 20. Mai, Bischofsweihe am 27. Juni; Bischofs-
vikar für den Bezirk Flores

1993
21. Dezember: zusätzlich Ernennung zum
Generalvikar der Erzdiözese Buenos Aires
mit ca. 3 Millionen Katholiken

1997
3. Juni: Ernennung zum Koadjutor des
Erzbischofs von Buenos Aires mit dem
Recht der Nachfolge im Amt

1998 (bis 2013)
28. Februar: Erzbischof von Buenos Aires, Primas von Argentinien und Ordinarius für die
Gläubigen orientalischer Riten in Argentinien

2001 (bis 2013)
21. Februar: Erhebung zum Kardinal durch Papst
Johannes Paul II.; als Kardinal unter anderem
Mitglied der Kongregationen für Gottesdienst
und Sakramentenordnung, für den Klerus und

für die Institute des geweihten Lebens; Mitglied
des Päpstlichen Familienrates und der päpstlichen
Kommission für Lateinamerika; Großkanzler der
Katholischen Universität von Argentinien; im Oktober 2001 Ernennung zum Generalrelator der römischen Bischofssynode über den bischöflichen Dienst

2005
April: Teilnahme am Konklave, aus dem
Benedikt XVI. als Papst hervorging

2005–2011
zwei Amtszeiten als Vorsitzender der Argentinischen Bischofskonferenz

2007
Vorsitzender des Redaktionskomitees zur Ab-
fassung des Schlussdokuments der 5. General-
versammlung des Lateinamerikanischen Bischofsrates *(CELAM)* in Aparecida, Brasilien

2009
Initiator einer nationalen Solidaritäts-
kampagne anlässlich der 200-Jahr-Feier
der Unabhängigkeit Argentiniens

2013
13. März: Wahl zum Papst, Annahme des Namens Franziskus; 19. März: Amtseinführung